Junge Kunst
in deutschen Kunstvereinen

Region Baden

Klett-Cotta, im Auftrag der Arbeitsgemeinschaft deutscher Kunstvereine

KunstLandschaft
BundesRepublik

wird gezeigt in:

Hannover
Kunstverein Hannover
3. 6.–12. 8. 1984

Neuenkirchen
Kunstverein Springhornhof
Neuenkirchen in der
Lüneburger Heide e. V.
16. 6.–26. 8. 1984

Oldenburg
Oldenburger Kunstverein
27. 5.–15. 7. 1984

Wolfenbüttel
Kunstverein Wolfenbüttel
Galerie und Werkstatt
3. 6.–15. 7. 1984

Wolfsburg
Kunstverein Wolfsburg e. V.
3. 6.–15. 7. 1984

Region Baden

wird gezeigt in:

Kunstverein Hannover
Kunstverein Springhornhof Neuenkirchen
in der Lüneburger Heide e. V.
Oldenburger Kunstverein
Kunstverein Wolfenbüttel
Kunstverein Wolfsburg e. V.

Region Berlin

wird gezeigt in:

Böblinger Kunstverein e. V.
Kunstverein Heidenheim e. V.
Kunstverein Heilbronn
Hohenloher Kunstverein
Kunstverein Kreis Ludwigsburg e. V.
Kunst- und Gewerbeverein Pforzheim e. V.
Hans-Thoma-Gesellschaft e. V.
Forum Kunst Rottweil
Württembergischer Kunstverein
Kunstverein Tübingen e. V.
Kunstverein Ulm e. V.

Region Düsseldorf

wird gezeigt in:

Kunstverein Freiburg
Heidelberger Kunstverein
Badischer Kunstverein
Kunstverein Konstanz
Mannheimer Kunstverein

Region Frankfurt und Hessen

wird gezeigt in:

Kunstverein München
Kunstraum München
Kunstverein Rosenheim

Region Hamburg, Schleswig-Holstein und Bremen

wird gezeigt in:

Euregio Kunstkreis e. V.
Kunstverein für die Rheinlande und Westfalen
Krefelder Kunstverein
Niederrheinischer Kunstverein
Kunst- und Museumsverein Wuppertal

Region Hannover und Niedersachsen

wird gezeigt in:

Kunstverein Kreis Gütersloh
Herforder Kunstverein
Westfälischer Kunstverein Münster
Kunstverein Siegen

Region Köln

wird gezeigt in:

Gesellschaft für Aktuelle Kunst
Kunstverein Flensburg
Kunstverein in Hamburg
Schleswig-Holsteinischer Kunstverein
Overbeck-Gesellschaft
Verein der Kunstfreunde für Wilhelmshaven

Region München und Bayern

wird gezeigt in:

Bonner Kunstverein
Brühler Kunstverein
Kölnischer Kunstverein

Region Münster, Westfalen und Ruhrgebiet

wird gezeigt in:

Neuer Berliner Kunstverein e. V.
Neue Gesellschaft für bildende Kunst

Region Stuttgart und Württemberg

wird gezeigt in:

Frankfurter Kunstverein
Kasseler Kunstverein
Kunstverein Offenbach
Nassauischer Kunstverein Wiesbaden

Ein ausführliches Verzeichnis aller Ausstellungs-
daten und Kunstvereinsadressen befindet sich im
elften Band.

KunstLandschaft BundesRepublik

In zehn Katalogbänden stellen sich die Kunstlandschaften in der Bundesrepublik vor; ein elfter Band dokumentiert unter anderem die Kunst- und Ausstellungsgeschichte, die der Präsentation der gemeinsamen Ausstellung der Arbeitsgemeinschaft deutscher Kunstvereine in 48 seiner Mitgliedvereine in 46 Städten seit dem zweiten Weltkrieg vorausgeht.

Die Kunstvereine folgen dabei der selbstgestellten Aufgabe, der sie zum Teil schon seit mehr als 150 Jahren treu sind, nämlich die junge Kunst ihrer Zeit zur Diskussion zu stellen. Das gemeinsam erarbeitete Projekt ist das Resultat langjähriger konzeptioneller Vorbereitung und finanzieller Planung. Gemeinsam haben sich die Veranstalter darauf geeinigt, die Anzahl der Teilnehmer je Kunstlandschaft auf etwa 40 Teilnehmer zu begrenzen und eine Alterslimitierung auf die nach 1940 geborenen Künstler einzuhalten. Allerdings waren die Kunstvereinsleiter in den einzelnen Regionen frei, die Auswahl nach ihrem subjektiven Wissen und Engagement in der ihnen zunächst „fremden" Kunstregion zu treffen. Die gemeinsam verantwortlichen Kollegen haben in jedem Band ein Vorwort mit einer kurzen Begründung vorangestellt. Danach folgen die Künstler alphabetisch innerhalb eines typographisch gleichen Rahmens. Eine gleichzeitige Ausstellung so vieler verschieden strukturierter Kunstvereine, verteilt über die ganze Bundesrepublik und Berlin, die die Vielfältigkeit der lebendigen Kunstszenen dokumentiert, ist ein bisher einmaliges Unternehmen: Sie beschreibt ein Charakteristikum der Kunstlandschaft in der Bundesrepublik, nämlich das Nebeneinander unterschiedlichster Kunstszenen.

Wir sind dem Bundespräsidenten dankbar dafür, daß er die Schirmherrschaft über die Ausstellungen übernommen hat, dokumentiert sich doch darin die „Grenzenlosigkeit" der Kunst, deren Förderung allerdings in die Zuständigkeit der Länder fällt. Wir danken dem Innenminister des Bundes für die Unterstützung der überregionalen Aspekte der Ausstellung, den Kultusministern und Senatoren der Länder, die die Durchführung der Ausstellungen selber unterstützen, und den Kommunen, die mit ihren Zuschüssen den Kunstvereinen vor Ort helfen, ihre kulturpolitische Aufgabe zu erfüllen.

Aber auch ohne den – oft ehrenamtlichen – Einsatz der Kolleginnen und Kollegen in den Kunstvereinen, die selbstlose Tätigkeit der Vorstände, wäre dieses große Projekt nie verwirklicht worden.

Unser herzlicher Dank gilt den Künstlern, die sich bereit erklärt haben, hier mitzuarbeiten und zum Teil neue Werke, Installationen, Raumsituationen beispielsweise, geschaffen haben. Ohne den großen Einsatz von Sibylle Maus für die Koordination und Redaktion, von Peter Wehr für die gesamte visuelle Gestaltung und des Verlags Klett-Cotta in Stuttgart wäre die „Kunstlandschaft Bundesrepublik" ein Traum geblieben.

Wulf Herzogenrath
Vorsitzender der Arbeitsgemeinschaft
deutscher Kunstvereine

Zusammengestellt von:

Katrin Sello
Kunstverein Hannover

Jürgen Weichardt
Kunstverein Oldenburg

Ruth Falazik
Kunstverein Springhornhof Neuenkirchen

Günther Langer
Kunstverein Wolfenbüttel

Klaus Hoffmann
Kunstverein Wolfsburg

Redaktion und Koordination:
Sibylle Maus, Stuttgart

Visuelles Konzept:
Peter Wehr, Hamburg

Herstellerische Betreuung:
Rolf Brenner, Stuttgart

© Arbeitsgemeinschaft deutscher Kunstvereine
mit Künstlern und Autoren, sowie der
Ernst Klett Verlage GmbH u. Co KG, Stuttgart 1984

Verlagsgemeinschaft Ernst Klett /
J. G. Cottasche Buchhandlung

Satz: Steffen Hahn, Kornwestheim

Reproduktionen: VSO Merk + Steitz,
Villingen-Schwenningen

Druck und Binden: Graphische Betriebe Eberl,
Immenstadt

ISBN 3-608-76195-0

Im Rahmen des Gesamtprojekts »Kunstlandschaft Bundesrepublik« haben sich die Kunstvereinsleiter in Niedersachsen entschieden, Künstler aus Baden und der Pfalz vorzustellen. Dafür waren zwei Überlegungen bestimmend.

Das erste Motiv: eine Neigung zur Identifizierung mit der »Kunstlandschaft« zwischen Neustadt an der Weinstraße und Kandern im südlichen Schwarzwald, eine ländliche Region, die für die Künstler Schwierigkeiten bringt, die denen im Flächenstaat Niedersachsen durchaus vergleichbar sind. Es gibt keine Galeriezentren wie in Berlin, Köln oder Düsseldorf, keine Kunstumschlagsplätze von internationaler Attraktivität. Das macht es für junge Künstler besonders schwer, interessante Ausstellungsmöglichkeiten und Sammler zu finden. Verständlich, daß viele begabte Absolventen der Karlsruher Akademie nach Düsseldorf oder Köln umziehen. Karlsruhe mit der »Staatlichen Akademie der bildenden Künste« ist — ähnlich wie Braunschweig mit der Hochschule für Bildende Künste in Niedersachsen — ein Zentrum und Sammelplatz für Künstler in Baden. Die 130 Jahre alte Akademie wurde im letzten Jahrzehnt bedeutend erweitert. Zu ihren Lehrern zählen heute unter anderem Markus Lüpertz und Georg Baselitz, Per Kirkeby und Mike Sandle. Ihre Meisterschüler entläßt die Akademie der ehemaligen Residenzstadt als »Debütanten«, mit einer Ausstellung und mit einem Katalog; eine fürsorgliche und vorbildliche Starthilfe, die manchen Standortnachteil ausgleichen mag — und eine vorzügliche Informationsquelle über die Kunstlandschaft Baden.

Eine Dependance der Karlsruher Akademie befindet sich in Freiburg. Sie hat sicher dazu beigetragen, daß sich auch in der alten Universitätsstadt eine kleine, sehr lebendige Kunstszene entwickeln konnte. Weiter zu nennen sind Heidelberg, wo sich die Karikaturisten konzentrieren, Mannheim und Baden-Baden, das ja nicht nur ein literarischer und eleganter Kurort ist, sondern mit der »Kunsthalle«, dem »Alten Bahnhof« und dem »Alten Dampfbad« bedeutende und ungewöhnlich schöne Ausstellungsforen bietet. Im übrigen aber leben viele Künstler dieser Region in kleinen Orten, alten Städtchen und Dörfern, oder auch wirklich auf dem Lande.

Die zweite Motivation: Lust und Neugier am Entdecken. Die Kunstszenen Berlin, Köln oder Düsseldorf werden hier aufmerksam wahrgenommen und in ihren differenzierten Veränderungen verfolgt — Hannover liegt nach Kilometern genau auf der Mitte zwischen Berlin und Köln, und da die Leine, die durch die Stadt fließt, eher ein reizendes Rinnsal als ein bedeutender Fluß ist, gibt es für die geographische Lage der niedersächsischen Landeshauptstadt kaum eine einleuchtendere Erklärung als eben diese Mittellage zwischen Köln und Berlin. Dagegen ist Kunst aus dem süddeutschen Raum nur wenig bekannt: die Mainlinie markiert eine Grenze. Diese Grenze wollten wir überspringen oder wenigstens etwas durchlässiger machen.

Was wir nicht veranstalten wollten, und auch gar nicht leisten können: eine Bestandsaufnahme der »Kunst im deutschen Südwesten« (so der Titel des informativen Standardwerks von Günther Wirth), auch nicht einen repräsentativen Querschnitt junger Künstler aus Baden und der Pfalz. Dafür wären die Leiter der Kunstvereine in der Region viel eher zuständig. Die Verabredung, daß die späteren Gastgeber, also die Ortsunkundigen, die Auswahl in der jeweiligen Kunstlandschaft treffen sollten, zielte ja darauf, mit dem unbefangenen Blick des Reisenden die regional eingespielten Wertschätzungen und Urteile durcheinander zu bringen. So wird man in dieser Auswahl gewiß einige Künstler vermissen, die — etwa durch kontinuierliche Präsenz bei den Jahresausstellungen des Deutschen Künstlerbunds — auch überregional bekannt geworden sind. Dafür, so hoffen wir, entschädigt die Entdeckung und Präsentation junger Talente und konsequenter Außenseiter.

Die Auswahl der Künstler wurde von den niedersächsischen Kollegen gemeinsam diskutiert. Die badisch-pfälzischen Kunstvereinsleiter, Hans Gercke in Heidelberg,

Friedrich W. Kasten in Mannheim, Helena Vetter in Freiburg und Andreas Vowinckel in Karlsruhe, haben uns mit Informationsmaterial, mit Vorschlägen und Hinweisen freundschaftlich geholfen. Die endgültige Entscheidung lag aber bei den niedersächsischen Ausstellungsmachern. Die Konzeptionen für die Ausstellungen in den fünf beteiligten niedersächsischen Kunstvereinen wurden gegenseitig abgestimmt, auch unter dem Gesichtspunkt des Gesamtprogramms der jeweiligen Institution und ihrer räumlichen Möglichkeiten.

Kunstverein Oldenburg:

Ganz unabhängig von regionalen Eigenheiten spiegeln die Arbeiten jener badischer Künstler, die für den Oldenburger Kunstverein ausgewählt worden sind, einige wesentliche Aspekte der gegenwärtigen Kunst. Da diese weit auseinanderliegen, wird dem Anspruch, Vielfalt zu demonstrieren, entsprochen. Allerdings geht es in allen Beiträgen um eine Auseinandersetzung mit der Realität, doch wird diese äußerst differenziert gesehen; zudem sind die Mittel der auseinandersetzung stets farblich-malerischer, beziehungsweise materiell-plastischer Art und darum individuell. Im Unterschied zu jüngst verflossenen Phasen der aktuellen Kunst tritt der Ideologie-Bereich inklusive des agitativen Anteils weit zurück.

Nur scheinbar dominieren realistische Details in den Bildern von Christa Goertz, tatsächlich geht es ihr um Stimmungen, Empfindungen, die nicht zuletzt durch Licht-, Gegenlicht- und Spiegelmotive ausgedrückt werden. Auch in den Plastiken von Jürgen Goertz ist der realistische Anteil sehr groß. Doch in der Kombination verschiedener Bewußtseinsebenen werden neben Ironie und Persiflage, Materialbewußtheit und Farbsinn eben auch so intensive Bedeutungsverdichtungen geschaffen, daß sie die Realität gewaltig überhöhen.

Friedemann Hahns Beitrag ist in der gemalten Bezugnahme auf Szenen der Kunst- und Kulturgeschichte, in der Auflösung von Zusammenhängen formaler wie geistiger Art zu autonomen Bildern zu sehen. Diese verselbständigen sich gegenüber Vorlagen, ohne die Verbindung dazu aufzugeben. Noch in der Entrealisierung der Motive bleibt ihre geistige Komplexität bestehen.

Das — gemalte — Problem der Distanzierung von der Realität bestimmt auch die Bilder von Susi Juvan, Norbert Kiby, Guido Kucznierz und Rolf Zimmermann. Eigentlich könnte diese Problematisierung zum Thema der Ausstellung werden. In Zimmermanns Bildern sind Gegenstände zwar noch zu erkennen, doch erfaßt der malerische Prozeß nur ihre Konturen und überführt sie durch allmähliche Differenzierung in den Bildgrund. Im Werk von Susi Juvan sind die Motive und Malaktionen expressive Ausdrucksformen eines starken subjektiven Innenlebens; bei Guido Kucznierz sind sie Zeichenträger einer individuellen, sensiblen Phantasie. In der Plastik nehmen die Polyesterformen der Arbeiten von Hannelore Neeb eine, ähnlich aus Amorphem und Tierhaftem erwachsene Vieldeutigkeit ein, während die Holzarbeiten von Werner Pokorny nur auf den ersten Blick Prozeßdarstellungen sind: sie transportieren auch und schnell die Idee der Wandlungsfähigkeit und Komplexität von Realität. In der Festigkeit wird die unfeste Veränderbarkeit angezeigt.

Zu all diesen Positionen nimmt Rolf-Gunter Dienst mit seinen Bildern eine entschiedene Gegenstellung ein: seine Motive sind nicht gegenständlich, sie machen vilemehr im Zusammenhang mit Malgrund und Ordnungssystemen das Werk zum Gegenstand: es wird in seiner formalen gemalten Dichte zum Mittelpunkt meditativer Betrachtung. Es wird selber stiller Teil der Realität.

Jürgen Weichardt

Kunstverein Wolfsburg:

Bei der Wolfsburg-Auswahl der Künstler aus dem Raum Baden anläßlich der bundesweiten Kunstvereins-Initiative war enge Kooperation nötig mit den teilnehmenden Kunstvereinen aus Niedersachsen, insgesamt fünf KV-Partner. Zu vermeiden war die Mehrfach-Nominierung einzelner Künstler. Ferner war sinnvoll, Künstler zu wählen, die am Ausstellungsort mehr oder weniger ungeläufig sind. Somit schieden für Wolfsburg zwei Künstler aus, die im Wolfsburger Schloß bereits in Einzel-Ausstellungen vorgestellt wurden: Friedemann Hahn (aus Todtnau-Brandenberg) und Manfred Woitischek (ein bedeutsamer Radierer und Zeichner aus Karlsruhe). Interessant erschien mir eine Auswahl, welche eine Monotonie hinsichtlich der technischen Medien vermied: also nicht fünf/sechs Maler oder die gleiche Anzahl von Plastikern oder Objekte-Machern, so unterschiedlich sie untereinander sein mögen; sondern eher eine Auswahl nach dem Kontrastprinzip, sowohl formal als auch inhaltlich: ein Maler/Zeichner, ein Plastiker, ein Fotokünstler, ein Collagist, ein Karikaturist (in weitestem Sinne), ein Performance-Künstler. Ein futurologischer Architekt hätte dieser Gruppe gut zugestanden, wie überhaupt die »Expansion der Künste« viel weiter reichen könnte. Die leidigen Termin-Zwänge haben solche zusätzlichen Pointen verhindert. Dennoch erscheinen die sechs Wolfsburg-Novizen / -Novitäre / -Newcomer als Individualitäten, die untereinander nur dadurch verbunden sind, daß sie aus Baden kommen und ansonsten einer das Gegenteil des anderen treibt: wie Satz und Gegensatz, Feuer und Wasser, verschiedene Welten, polare Weltbilder; eine farbige Mischung. Aber bei aller Gegensätzlichkeit sind die Teilnehmer verbunden durch ihre Begabung, ihre Talentiertheit. Nämlich Werner Boschert (der Satiriker), Norbert Nüssle (der Städte-Collagist), Otfried Rautenbach (der Fotosequentist), Michael-Peter Schiltsky (der Stahl-Plastiker), Peter Stobbe (der Performer) und Herbert Wentscher (der Zeichner). Was hier behauptet wird, muß am Ende die Wolfsburg-Ausstellung beweisen.

Klaus Hoffmann

Kunstverein Wolfenbüttel:

Es ist dem Kunstverein Wolfenbüttel eine besondere Freude, durch das Projekt »Kunstlandschaft Bundesrepublik« die Möglichkeit erhalten zu haben, einen so wichtigen und international bekannten Künstler wie Hetum Gruber zeigen zu können. Hetum Gruber, der sich unter Kennern durchgesetzt hat, hatte in Niedersachsen noch keine Einzelausstellung. Weil seine Arbeiten zur Zeit nicht im Trend des Kunstmarktes liegen, erscheint es dem Kunstverein Wolfenbüttel besonders interessant, diese stilleren Äußerungen eines Künstlers den mehr expressiven einer neuen Künstlergeneration gegenüberzustellen.

Günther Langer

Kunstverein Springhornhof:

Ein wesentlicher Schwerpunkt der Ausstellungstätigkeit auf dem Springhornhof besteht in den themenbezogenen Sommerausstellungen. Seit zehn Jahren werden Künstler zu Symposien eingeladen, in denen das Thema »Kunst — Landschaft« unter sich ständig weiterentwickelnden Aspekten erarbeitet wird. Der Grundtenor dieser Aktivitäten ist der Versuch, landschaftliche Strukturen aufzunehmen und in eine künstlerische Aussage einzubringen, so daß eine Wechselwirkung zwischen Kunst und Landschaft erzielt wird. Im Gegensatz zu der bekannten Form der Freilichtmuseen — in denen (bis auf wenige Ausnahmen) selbständige Skulpturen zwischen Büschen und Bäumen oder auf Rasenflächen plaziert werden, so daß die Natur als schmückende Kulisse dient —, bildet in Neuenkirchen die Landschaft die Ausgangsbasis für die künstlerische Arbeit. Die Dimension des landschaftlichen Raumes oder die Befindlichkeit einer Platzsituation bestimmen unter anderem die inhaltlichen und materialen Formationen der Objekte. Daher erklärt sich, daß die jeweils eingeladenen Künstler kaum Bildhauer im klassischen Sinne sind, sondern aus sehr verschiedenen Disziplinen kommen, in denen die materiale Stofflichkeit der verwendeten Werkstoffe mehr zu Objekten, Assemblagen oder Environments verarbeitet werden.

Der Kunstverein Springhornhof hat sich bei dieser Ausstellung »Kunstlandschaft

Bundesrepublik« unter den eben genannten Gesichtspunkten für Hans Albrecht, Rolf Schneider, Rainer Selg und Bernhard Stüber entschieden denn sie werden zusätzlich zur Galerieausstellung — in der die aus den Ateliers stammenden Objekte gezeigt werden — auch in der Landschaft arbeiten.

Jeder der vier Künstler ist der plastischen Form verpflichtet, doch ergeben sich untereinander weder formale Ähnlichkeiten noch inhaltliche Verwandtschaften. Und doch verbindet sie ein Element, nämlich die Findung und Benutzung ihres so einfachen, ja wertlosen Materials: Sie arbeiten — jeder auf seine ganz persönliche Weise — mit Werkstoffen, die im weitesten Sinne der »arte povera« zuzuordnen sind.

Einerseits werden Relikte und Abfälle aus der industriellen Zivilisation oder dem bäuerlich-handwerklichen Bereich genommen, um zu neuen Gebilden — die aber ihren Ursprung nicht verleugnen — zusammengefügt zu werden: so bei Rolf Schneider in strenger, konstruktiver Form oder bei Rainer Selg als fabulierende und phantastische Neuordnung. Andererseits finden natürliche Materialien Verwendung zu künstlerischer Gestaltung: während Hans Albrecht zum Beispiel mit Bäumen, Zweigen, Erde, Wasser landschaftsbezogene Objekte baut, die ihren Standort wieder in der Landschaft finden, bedient sich Bernhard Stüber der Kleinstteile des natürlichen, vegetativen Bereichs, nämlich der unterschiedlichen Samen und zermahlenen Blätter von vielerlei Pflanzen — um sie strukturell in relativ kleinen Objekten zu verarbeiten.

Trotz des differenten Erscheinungsbildes und der unterschiedlichen inhaltlichen Aussage dieser Künstler tritt in allen Arbeiten der experimentelle Charakter deutlich hervor. Die Offenheit innerhalb der einzelnen Werkansätze war ein weiterer Anlaß, diese vier Künstler im Rahmen einer Bundes-Ausstellung junger Kunst zu zeigen. Ruth Falazik

Kunstverein Hannover:
Der Kunstverein Hannover will eine »Eremitage« vorstellen:

Mit dem Mannheimer Photographen Robert Häusser und der Malerin Christiane Maether fuhr ich in einer Vollmondnacht von Hannover nach Neustadt an der Weinstraße, wo sich Christiane Maether vor zehn Jahren angesiedelt hat, zu Füßen des Hambacher Schlosses. Sie, die früher in Berlin und dann in Köln gelebt hat, war die geeignete Partnerin, Eigentümlichkeiten dieser Kunstregion zu reflektieren. Wir phantasierten auf der nächtlichen Autofahrt und assoziierten eine ideale Kunstlandschaft, die der Eremiten.

Die Entdeckung — oder auch Konstruktion — der badisch-pfälzischen Kunstlandschaft unter dem Aspekt der Eremiten, ein Aspekt, der weniger definitorisch als atmosphärisch zu verstehen ist, eine Inspiration. Eine festumrissene eremitische Ästhetik soll und kann nicht behauptet werden, wäre auch eine contradictio in adjecto. Die Eremiten sind ja Einzelgänger und lassen sich darum nicht unter einen gemeinsamen stilistischen Nenner subsumieren. Dennoch löst das poetische Wort nicht nur soziologische, sondern auch werkästhetische Assoziationen aus. Einige grundsätzliche Positionen lassen sich vielleicht ex negativo ausmachen.

In ihrer selbstgewählten Distanz sind sie immun gegen den Sog aktueller Trends. Vertreter der heftigen oder wilden Malerei, die zur Zeit die gesamte Kunstlandschaft Bundesrepublik, auch die Karlsruher Akademie, bevölkern, sind bestimmt nicht den Eremiten zuzurechnen. Ebensowenig wird man einen plakativen oder gar aggressiven Realismus mit den Eremiten verbinden, auch kein bombastisches wagnerianisches Pathos. An Mythisches hat ihre Kunst auf andere Weise erinnert, auch in einer Zeit, als die großformatige Mythenrenaissance in Deutschland und Italien noch nicht ausgebrochen war. Man denke an Franz Bernhards Skulpturen, etwa seine große »Dreiecksfigur« (in dieser Ausstellung): aus einer intensiven Vertrautheit mit den Materialien werden Holz und Eisen in ein spannungsvolles und empfindsames Verhältnis zueinander gesetzt, eine sensible Materialkonstruktion, die zugleich eine Liegende ist. Oder man denke an Jürgen Brodwolfs »Tubenfigur« in ihren materialen und medialen Metamorphosen. Immer agieren und leiden die bröckelig zerdehnten, auch anmutigen Figurinen unter extremen Bedingungen menschlicher Existenz. Für die Ausstellung im Kunstverein Hannover hat Brodwolf »als echter Markgräfler Eremit« ein »Lesezimmer« eingerichtet: Tisch und Stuhl vor massiven hölzernen Bücherregalen. Darinnen findet man Brodwolfs »Figurenbücher«, Folianten, in denen seine »Figurentypologie«, ihre Entstehung und Geschichte skizziert und festgeschrieben ist. Brodwolf zitiert so die eremitische Tradition: Hieronymus im Gehäuse.

Franz Bernhard im pfälzischen Jockgrim und Jürgen Brodwolf im südlichen Schwarzwald, zwei eremitische Leitbilder, die eine auf Jahreszahlen festgelegte Begrenzung »Junge Kunst« naturgemäß sprengen. Aber, so der fünfzigjährige Franz Bernhard, gute Kunst ist immer jung. Und er sagte auch, man kann einen Künstler nur kennen, wenn man weiß, wie es in seiner Küche riecht. In seiner roch es nach frischgebackenem Brot, das wundervoll schmeckte. Denn gastfreundlich sind die Eremiten und gesellig. Ihr Rückzug in die Einsamkeit macht sie zugleich empfänglich für die Welt. Und für das Material — Natur und Kultur ihrer Umwelt. Sie haben alte Gehöfte, auch kleine Anwesen, oft hinfällige, bezogen, die sie liebevoll instandsetzen; denn mit Handwerkszeug und Baumaterialien können sie umgehen. Eberhard Eckerle und Michael-Peter Schiltsky haben das »Zeug« gelegentlich selbst zum Sujet der Kunst gemacht.

Eberhard Eckerle, der im Schwarzwaldstädtchen Gernsbach an der Murg lebt, traf ich beim Aufbau seiner Ausstellung im »Alten Dampfbad« von Baden-Baden. Schwemmholz aus der Murg war sorgfältig sortiert und zu einer Landschaft arrangiert. Das Holz gerät in Fluß, überschwemmt den Kunstraum, ein Umgang mit Natur als Thema und als Material von großer Eindringlichkeit. — Eckerles Kollege Hetum Gruber schaute kurz in die Ausstellung. Er hat im Dachgeschoß des »Alten Dampfbads« sein Atelier. (Der Kunstverein Wolfenbüttel wird seine Arbeit ja innerhalb des Gesamtprojekts präsentieren.)

Mitten im Schwarzwald, in Neubärental, lebt Ritzi Jacobi mit ihrem Mann, dem Bildhauer und Photographen Peter Jacobi. Außerhalb des Ortes, am Berghang mit Panorama-Blick, haben sie sich ein großes Atelier gebaut. Hier arbeitet Ritzi Jacobi ihre schwerelosen Objekte. Zarte Papiere sind in unterschiedlicher Dichte verwebt, von graphischen Strukturen durchzogen, Wandbehänge und imaginärer Stofflichkeit.

Die junge Künstlerin Jutta Schwalbach lebt noch bei ihren Eltern im Nebengebäude der großartigen barocken Schloßanlage von Bruchsal, ein Ambiente, das an eine Eremitage des 18. Jahrhunderts erinnern kann. Zwischen polierten Empire-Möbeln hängen ihre Wandstücke aus Knochenleim wie dunkle fremde Riesenvögel. Mythische Reminiszenzen kommen auch in ihren spontanen farbigen Zeichnungen ins Spiel, in denen Symbole vergangener oder auch erfundener Kulturen niedergeschrieben scheinen.

Knochenleim ist für Eremiten, die Bastler sind, offenbar sehr inspirierend. Arthur Stoll hat sich seit Jahren eine Welt von Knochenleim-Objekten geschaffen, die Gebrauch und Bedeutung suggerieren, ohne je deutbar zu sein. Die Scheune des kleinen elterlichen Berghofs oberhalb von Freiburg ist mit den künstlichen Dingen des Sohnes so vollgestellt, als wären es die natürlichen Relikte der bäuerlichen Wirtschaft. Der alte Vater reichte einen Imbiß, Brot und Wein, aus eigener Ernte.

Mit Arthur Stoll und Helena Vetter, der Leiterin des Freiburger Kunstvereins, fuhr ich tiefer in den Schwarzwald hinein und höher die Berge hinauf nach Tannkirch. Dort residiert Bernd Völkle auf einem umsichtig instand gesetzten, uralten Anwesen. Im Rundgang durch die bäuerlichen Stuben und die zwei Ateliers in den

Nebengebäuden des Dreikanthofes stellt sich die Arbeit dieses Malers und gelegentlichen Objektemachers in höchst unterschiedlichen Werkgruppen dar: jeweils ein Thema wird in einer Sequenz von Variationen durchgespielt und dann fallengelassen zugunsten einer neuen, überraschenden und vielleicht auch gegensätzlichen Idee. Im Zyklus der Schafe, ein eremitisches Thema par excellence, zitiert und parodiert Völkle Kunstgeschichte von Grünewald bis zum Dadaismus. Hermann Wiesler hat einen Essay über Völkle »Natur-Sein und Kunst-Schein« überschrieben, ein Titel, der den reflektierten Zug eremitischer Kunst trifft, gerade dann, wenn man ihn spielerisch verschränkt und umkehrt, »Natur-Schein und Kunst-Sein«.

Reisewege zur Kunst — die ländlichen Impressionen sollen das assoziative Umfeld der Eremiten verdeutlichen. Natur ist für die Kunst der Eremiten eine Inspiration, für die Bildhauer nicht nur als Motiv sondern auch als Material. Auffällig ist — bei den eremitischen Bildhauern, die in der Ausstellung im Kunstverein Hannover stark vertreten sind — eine Neigung zu einfachen Materialien. Aus Eisen und Tuch hat Robert Schad seine weiträumige und lichte Gerüstinstallation gearbeitet. Die labyrinthischen Verstrebungen des dünnen Eisengestänges evozieren organische Bildungen, sie erinnern an die floralen Wucherungen spätgotischer Architektur.

Karl Manfred Rennertz ist ein Holzbildhauer, freilich nicht im Sinne jener hinterwäldlerischen Tradition, die sich gern als Volkskunst ausgibt. Sein Thema ist die stehende menschliche Figur. Sie ist jeweils aus einem Baumstamm geschnitten. Indem Rennertz der Eigengesetzlichkeit des Materials, dem Wuchs des Holzes nachspürt und nachgibt, gewinnen seine Figuren eine strenge und fremde Expressivität. Der Einsaatz von Farbe unterstreicht die expressiven Züge seiner vereinzelt stehenden Figuren — Stelen, die gelegentlich wie Totempfähle erscheinen.

Bilder von Eremiten — eremitische Bilder: im Bereich der Malerei sind gemeinsame Züge noch vorsichtiger auszumachen.

Für Christiane Maether war Natur, Landschaft, als Blühendes, als Organisches, jahrelang Inspiration und dominierendes Thema. Noch die filigranen Strukturen ihrer großen »Flügel« verweisen auf Blüten- oder zarte Insektenformen. In ihrem Neustädter Atelier überraschte sie mich mit neuen Bildern: Köpfe, Frauenköpfe im Umriß, verhangen von Haaren und Schleiern oder im Spiegel verschwimmend. Eine Orientreise im vergangenen Jahr hat die Sequenz der weiblichen Figuren ausgelöst, die Konfrontation mit der anderen Frau, mythische Begegnung und Selbstbegegnung.

Für den Freiburger Maler Ralph Fleck ist Landschaft ein zentrales Thema, oder, genauer, auslösendes Motiv: Müllberge und Alpengipfel werden ihm Anlaß für Orgien pastoser Malerei. Fleck bevorzugt eine gedämpfte differenzierte Farbigkeit; er trägt aber die Farbpaste in solcher Menge auf, daß sie Materialcharakter gewinnt, so daß sich Schründe und Täler bilden. Oberflächen von Müll- und Alpenlandschaften werden zu reliefartigen Farblandschaften.

Materiale Qualität von Farbsubstanz bestimmt die großformatigen schwarzen Bilder von Erich Reiling. Der kraftvolle Pinselduktus des jungen Karlsruher Malers verleiht der Schwärze eine unterschiedliche Dichte. Im Akt des Malens und des Übermalens entstehen monumentale dunkle Figuren von bestürzender Intensität. — Ein zweiter »Schwarzmaler«: Klaus Merkel in Freiburg. Seinen meist kleinteiligen pastosen Malstücken sind graphische Spuren eingeritzt, Zeichen, die Korrespondenzen zwischen den einzelnen Tafeln herstellen. — Ebenfalls einer monochromen Askese hat sich der junge Maler Hans Rath in Freiburg hingegeben. Seine bevorzugte Farbe ist leuchtendes warmes Rot. In einem gleichsam plastischen Umgang mit der Farbmaterie, dem Verreiben und Verschieben von Farbklumpen, formt sich eine menschliche Figur, ein »Stehender« oder ein »Schreitender«.

Als tagebuchähnliche »Aufzeichnungen« sind die Papiere von Gloria Mai aus Mannheim zu lesen. Empfindungen, Sehnsüchte, Phantasien werden als direkte körperliche Erfahrung niedergeschrieben, Aktion und Meditation in eins.

»Pour niaiser et fantastiquer« so der Wahlspruch des Karlsruher Malers Bert Kirner, spinnen und phantasieren. 1980 hat ihn die Karlsruher Akademie als »Debütanten« vorgestellt. Seither hat er sich ein Jahr in New York und gelegentlich in Berlin umgetan. Spontan und unbekümmert malt er auch großstädtische Bilder und Bildausschnitte auf große Papiere. Seine lockeren Improvisationen markieren die Grenze selbst zu weitläufigen eremitischen Assoziationen, fast schon ein Kontrastprogramm.   Katrin Sello

Hans Albrecht

1953 in Bad Harzburg geboren
1973–1979 Staatliche Akademie
der bildenden Künste Karlsruhe,
Ecole des Beaux-Arts Angers,
Germanistik an der Universität
Karlsruhe
1983 Stipendium der Kunststiftung Baden-Württemberg

Einzelausstellungen
1974 Baden-Baden
1975 Münster, Osnabrück
1976 Angers
1977 Karlsruhe, Darmstadt
1978 Würzburg
1981 Offenburg
1982 Mannheim
1983 Heilbronn
1984 Stuttgart

Ausstellungsbeteiligungen
1975 Forum junger Kunst
1979 Kunstpreis Junger Westen
1980 Deutscher Künstlerbund
1982 Symposium Nordseeküste.
»Kunst im öffentlichen Raum«,
Ulm, Künstlerhaus
1983 »Plastische Arbeiten«,
Karlsruhe, Künstlerhaus
1983/84 Forum junger Kunst

Bibliographie
1975 Johannes Halder: Katalog
Kulturgeschichtliches Museum
Osnabrück
1977 ders.: das kunstwerk, 3/77,
S. 85 ff.
1982 Heinz Thiel: Katalog »Sym-
posion Nordseeküste«
1983 ders.: Katalog »Plastische
Arbeiten«

Zeichen in der Natur

Objekte und Installationen in der
Natur kennzeichnen das Werk
von Hans Albrecht. In der Auseinandersetzung mit der Natur
entstehen seine Arbeiten vor
allem aus Holz, aber auch aus
Steinen, Erde, Wasser, Stoff und
Schnüren, und – mindestens
ebenso wichtig: sie werden in der

freien Natur installiert. Dabei wird
die Landschaft jedoch nicht als
Bühne betrachtet, vielmehr wird
sie als untrennbares Element mit
einbezogen. Durch den Dialog
mit der Natur entstehen Arbeiten,
in denen landschaftlicher Formationen und vom Künstler
Geschaffenes zu einer Synthese
verwachsen. Hans Albrechts
Installationen sind stets Eingriffe
in die Natur, Manipulationen und
Interpretationen.
Diese Zeichen in der Natur sind
die Spuren einer Suche nach
dem »Ich« in einer Welt, die für
den Einzelnen undurchsichtig
geworden ist. Der Mechanismus,
nach dem die Welt heute funktio-
niert, ist vom Individuum so weit
entfernt, da es sich darin zwangs-
läufig nicht wiederfinden kann.
Damit sind die Arbeiten auch
Selbstdarstellungen, Versuche,
sich im eigenen Werk zu spiegeln, nicht nur im Sinne von Por-
traits, sondern in Formen, die die
jeweilige Stimmung und Verfas-
sung wiedergeben.
In einem oft meditativen Arbeitsprozeß erscheinen durch gleich-
mäßiges Ritzen in einen Stein
geheimnisvolle Zeichen;
gekratzte oder ausgegrabene
Linien formen sich aus dem Sand
des Cuxhafener Watts zu Spira-
len, Kreisen oder zu der Umriß-
linie eines Bootes.
In der jüngsten Zeit treten Boots-
formen im Werk von Hans
Albrecht immer auffälliger in den

Vordergrund. Aufgehängt über
einem Bach oder ausgegraben
aus dem Watt, kündigten sie sich
leise an; in den neuesten Holz-
plastiken werden sie zum tragen-
den Element. Weitgefächerte
Ideen verbinden sich mit einem
Boot: Gedanken an eine Reise,
an den Lebensweg, aber auch an
Ferne und Abenteuer. Diese
neueren Skulpturen bestehen
zwar auch aus den Grundstoffen
der Natur, die landschaftliche
Umgebung verlangen sie jedoch
nicht zwingend.
In dem Objekt 20/82 spannt sich
bogenförmig eine Holzleiste über
einen Bach. Ein daran befestigter
filigraner Kamm aus Schnüren,
der von den Wellen des darunter
hinweg fließenden Wassers
bewegt wird, zieht den Blick des
Betrachters auf den lebendigen
Mittelpunkt und hält ihn dort fest.
Hans Albrecht gibt in seinen
Arbeiten nur verhaltene und
kaum hörbare Denkanstöße. Der
Betrachter bleibt mit dem Werk
allein und wird so zu einer eigenen Zwiesprache mit der Natur
provoziert.
Viel deutlicher ist dagegen die
Installation 9/83, die auf einem
früheren Friedhof entstand. Inspi-
riert durch die Ausstrahlung des
Ortes errichtete Hans Albrecht in
einem Steinkreis eine Bahre,
dahinter aufstrebend eine Him-
melsleiter, rechts und links davon
zwei Figuren, vielleicht Toten-
wächter. Assoziationen zu den
Totenkulten versunkener Kulturen werden wachgerufen. Aber
hier wird die Vergangenheit nicht
nachgeahmt, sondern in die
Gegenwart einbezogen.
Die Strenge der Symmetrie, die
in den meisten Arbeiten von
Hans Albrecht vorhanden ist, die
Klarheit der Formen und der Ver-
zicht auf grelle Farbigkeit strah-
len Ausgeglichenheit und Stille
aus. Gleichzeitig geben sie dem
Betrachter Ruhe zum Nachden-
ken.   Cornelia Munzinger

Hans Albrecht: Werkverzeichnis 20/82.
Holz, Seil, 250 x 350 cm

Hans Albrecht: Werkverzeichnis 6/83.
Holz, 300 x 300 cm

Hans Albrecht: Werkverzeichnis 9/83.
Holz, Steine, 600 x 600 x 600 cm

Franz Bernhard

1934 in Neuhäuser/CSSR
geboren
lebt in Jockgrim/Pfalz bei
Karlsruhe

1949 Beginn einer Schreiner-
lehre
1956 Abitur, danach in verschiedenen Berufen tätig
1959–1966 Studium an der
Staatlichen Akademie der
bildenden Künste Karlsruhe bei
Wilhelm Loth und Fritz Klemm
1963 Stipendium der Studienstiftung des deutschen Volkes
1968 Villa Romana-Preis, Florenz
1969 Romstipendium der Villa
Massimo
1970 Wilhelm-Lehmbruck-
Förderpreis der Stadt Duisburg.
Gastlehrauftrag an der Kunstakademie Karlsruhe
1971 Stipendium aus den Mitteln
des Kunstpreises Berlin
1975 Pfalzpreis für Plastik
1976 Arbeitsstipendium des
Kulturkreises im Bundesverband
der Deutschen Industrie
1977 Hans-Thoma-Preis des
Landes Baden-Württemberg

Bibliographie
Zahlreiche Veröffentlichungen in
Kunstzeitschriften, Katalogen
und Fachbüchern

Ausgangspunkt meiner »Figuren«
ist der Mensch.
Es geht mir nicht um das Erarbei-
ten eines »Abbildes«,
sondern um die Realisation eines
»Bildes«.
Das Abbild ist ganz vom Vorbild
abhängig und an ihm meßbar.
Seine Existenz wird durch das
Vorbild bedingt.
Das Bild lebt aus sich selbst.
Das Abbild beruft sich auf seine
Ähnlichkeit mit dem Vorbild.
Das Bild ist dinghaft — autonom.
Es ist Zeichen und verkörpert
ein Anliegen.
Es wird getragen durch seine
Form.

Form ist alles:
die Aufteilung des Raumes,
die Beziehung der verschiedenen
Massen zueinander,
die Bewegung,
die als belebendes Moment die
Figur durchzieht und sie trägt…
Form und Inhalt bilden eine
untrennbare Einheit.
Man kann nicht über Form
sprechen,
ohne den Inhalt zu berühren und
umgekehrt.

Das Gesagte bleibt Theorie.
Plastik ist verbal nicht formulier-
bar,
sowenig Verbales in Plastik über-
setzbar ist.
Das räumliche Erlebnis durch
seine Arbeit zu ermöglichen
bleibt eine zentrale Aufgabe des
Bildhauers.   Franz Bernhard

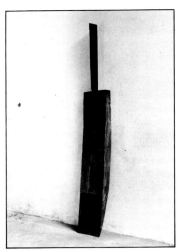

»Stille Figur«, 1982.
Holz, Eisen, 223 x 34 x 25 cm

Franz Bernhard: »Dreiecksfigur«, 1981.
Holz und Eisen, 65 x 335 x 100 cm

Franz Bernhard: »Wandkopf«, 1983.
Holz, 70 x 40 x 17 cm

Franz Bernhard: »Sitzende«, 1983.
Holz und Eisen, 128 x 120 x 180 cm

Werner
Boschert

1951 in Heilbronn geboren
lebt und arbeitet in Freiburg

Die Figur »Morlock« und die
ersten »Morlock-Zeichnungen«
entstanden im Oktober 1982 auf
Bierdeckeln. Seitdem wird dieses
Thema laufend variiert. Es gibt
bisher etwa 4000 Morlock-Zeichnungen, ungefähr die Hälfte
davon in Heften und Büchern.

Freiburg, Januar 1984

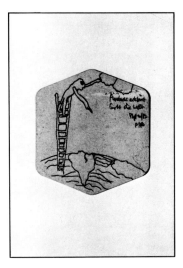

Arbeit auf Bierdeckel:
»Morlock erklärt Gott
die Welt«, Oktober
1982, Kugelschreiber

Werner Boschert: »Weißt du wirklich, wo
Gott drin ist?«, Januar 1984. Filzstift +
Bleistift, 12 x 14,5 cm

Werner Boschert: »Corrida de toros«,
Januar 1984. Filzstift, 14,5 x 12 cm

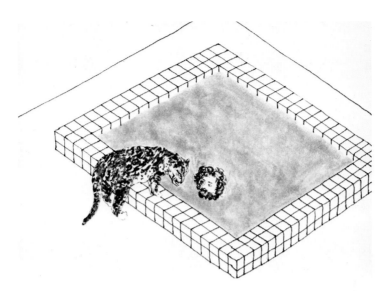

Werner Boschert: »ohne Titel« (Leopard),
Januar 1984. Filzstift + Bleistift,
12 x 14,5 cm

Werner Boschert: »ich suche nicht, ich
finde«. Filzstift, 12 x 14,5 cm

Jürgen Brodwolf

1932 in Dübendorf, Zürich, geboren
lebt und arbeitet seit 1956 in Vogelbach, Schwarzwald

1948–1952 Ausbildung als Zeichner-Lithograph
1953 Aufenthalt in Paris
1955–1960 Tätigkeit als Fresko-restaurator
1959 Entdeckung der Tubenfigur
1970 Förderpreis der Reinhold-Schneider-Stiftung, Freiburg
1975 Kunstpreis der Böttcher-straße, Bremen
1976–1982 Professur für Zeichnen an der Fachhochschule für Gestaltung Pforzheim
1977 documenta 6, Kassel
1981 Hans-Thoma-Preis des Landes Baden-Württemberg
1982 Professur für Bildhauerei an der Staatlichen Akademie der bildenden Künste, Stuttgart
1982 Biennale Venedig (Aperto 82)

Bibliographie
Bernhard Holeczek/Dieter Blume, Werkverzeichnis Jürgen Brodwolf, Kunstverein Braunschweig, Bd. I 1976, Bd. II 1978
Willy Rotzler, »Stichworte zu Brodwolf«. In: Katalog, Museum zu Allerheiligen, Schaffhausen, 1979
Siegfried Salzmann, »Jürgen Brodwolf«. In: Katalog, Wilhelm-Lehmbruck-Museum, Duisburg, 1975
Uwe M. Schneede, »Jürgen Brodwolf«. In: Katalog, Württembergischer Kunstverein Stuttgart, 1973

Sein einziges Thema ist die Figur, die menschliche Figur. Sein Thema ist so alt wie die Kunst und hierin ein spezifisch bildhauerisches. Vielleicht drängt es deshalb Jürgen Brodwolf, den Maler, stets wieder zur dritten Dimension, so daß seine Arbeiten — auch die jüngeren großflächigen — seit mehr als fünfzehn Jahren dem weiten Bereich der Objektkunst zuzuweisen sind. Doch mit diesem Sammelbegriff verbindet sich lediglich eine allgemeine Zuordnung zu einer sonst nicht faßbaren Gattung, nähere formale oder gar inhaltliche Aussagen lassen sich von daher nicht erwarten. Brodwolfs Arbeiten haben sich bislang auch einer sicheren Eingliederung in eine der bekannten Stilrichtungen der Gegenwartskunst widersetzt, möge es sich etwa um ein ungenaues Schlagwort wie »neue Figuration« oder um die sogenannte »Spurensicherung« gehandelt haben. Jürgen Brodwolf ist mit seiner Kunst fast ein Einzelgänger, der die Gruppe meidet und der seine Orientierungen eher aus der älteren Kunstgeschichte ableitet, ohne darüber seine Aktualität und seine engagierte Zeitgenossenschaft einzubüßen.
Augenfällig an der künstlerischen Entwicklung Jürgen Brodwolfs ist das langsame Vorangehen in kleinsten Schritten, ein kontinuierliches Wachsen ohne Brüche, das Neues nur als nahtlose Fortsetzung des Vorangegangenen zuläßt, so daß auch die jüngsten Arbeiten sich konsequent aus den Anfängen herleiten lassen. Die Übergänge sind fließend, vom Objekt zum Figurentuch ebenso wie vorher vom Bild zum Objekt; die Ablösung einer früheren Phase durch die folgende vollzieht sich in Mischformen, wenn etwa auf den Figurenblättern von 1973 Tubenmodell und Leinwandfigur kombiniert werden. Künstlerische Gewissenhaftigkeit drückt sich ebenfalls in ständigen Rückgriffen auf früher Erarbeitetes aus: Malerei neben Objektkästen, Objektplastiken neben Figurentüchern. Die Erweiterung der Ausdrucksmittel wird durch gleichzeitiges Aufarbeiten verschiedener Entwicklungsstufen überprüft.
Brodwolf ist ganz und gar kein dumpfer Mystiker, der aus individuellen Mythologien heraus Depressionen bewirken wollte und lebensfeindlich ein »memento mori« predigte. Er ist ein Künstler, dessen bewußt kritisches Engagement von ästhetischen Problemstellungen bestimmt ist und dessen Arbeitsgebiet sich auf existentielle Extremsituationen des menschlichen Daseins konzentriert. Brodwolf hat in den vergangenen zwanzig Jahren ein Werk erarbeitet, das bei aller Entwicklung eine stets auf den Menschen bezogene Konstanz aufweist. Ein erregendes Werk voll dramatischer Stille.   Bernhard Holeczek

aus: »Brodwolfs Kunst der Kunstfigur«, Art International, XXIV 3–4, 1980

Jürgen Brodwolf: »Lesezimmer«, Installation 1984. Stuhl, Tisch, Schrank mit
Figurenbüchern von 1978–1984,
176 x 140 x 200 cm. Die Bücher können
dem Schrank entnommen und am Tisch
betrachtet werden.

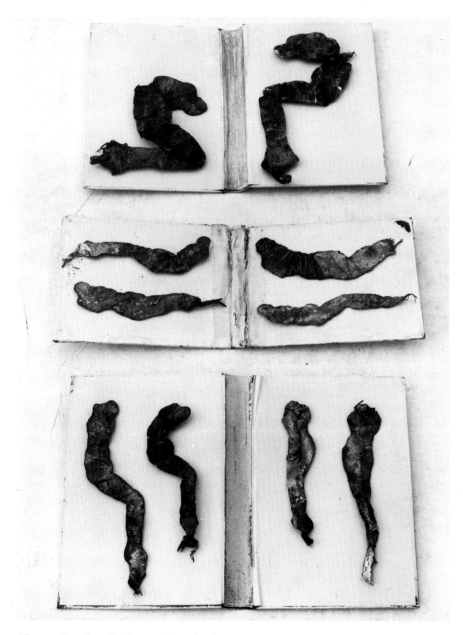

Jürgen Brodwolf: Figurentypologie.
3 Figurenbücher zur Installation »Lesezimmer«

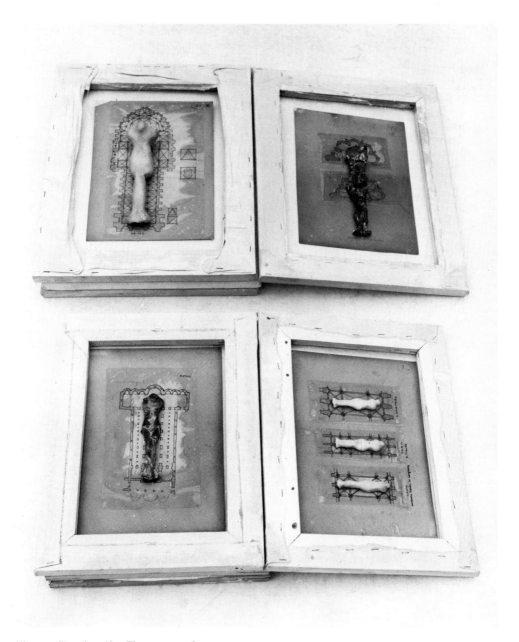

Jürgen Brodwolf: »Figurenmaß —
Architektenmaß«, 2 Figurenbücher zur
Installation »Lesezimmer«

Rolf-Gunter Dienst

1942 in Kiel geboren
1968 Villa Romana-Preis, Florenz
1969 Stipendium des Kulturkreises im Bundesverband der
Deutschen Industrie
1971/72 Stipendium für die Cité
Internationale des Arts, Paris
1979—1981 Villa Massimo-Preis,
Rom
Einzelausstellungen seit 1963
lebt in Baden-Baden

Bibliographischer Hinweis
Helmut Heißenbüttel, »Klappen-
text für Rolf-Gunter Dienst«,
Katalog der Ausstellung in der
Galleria l'Attico Esse Arte, Rom,
1981

Die Malerie von Rolf-Gunter
Dienst hat ihre eigene Ent-
wicklungsgeschichte. Seit 1970
hat sie sich aus einem die Fläche
bestimmenden und akzentuierenden Ornamentzeichen gelöst,
jetzt wird die Bildfläche wahrgenommen und gleichmäßig
besetzt. Die Besetzung geschieht
durch ein bestimmtes Modul,
also ein bausteinartiges Formen-
teil, das etwa einem Grasbüschel
ähnelt, manchmal ist es embryo-
nal eingebogen, manchmal kann
dieser Baustein unregelmäßig
umkreist sein. Wichtig ist, daß
diese Moduls zwar untereinander
ähnlich sind, aber sie sind nicht
dieselben, denn der Maler trägt
sie freihändig auf die Bildfläche
auf, er schreibt sie auf die Fläche,
als benutzte er einen oder zwei
Buchstaben, die er wie ein
Schüler der ersten Grundschul-
klasse alter Prägung immer
wiederholt, bis die Heftseite voll
ist.
Wir unterscheiden also die mit
einer Farbe grundierte Bildfläche,
und die schriftmäßig über diesen
Grund gesetzte Schicht, die
Modul an Modul fügt, bis der
ganze Plan gleichmäßig bedeckt
ist, bis eine Struktur über den
Grund geschrieben ist, die in

lebendiger Individualität ein Netz
mit ähnlichen, nicht denselben
Maschen gesponnen hat in einer
Farbe, die sich zwar deutlich
abhebt von der grundierten
Fläche, die sich aber so eindeutig
nach ihr richtet, daß Grund und
Modulstruktur die Tendenz
haben, ineinander zu verschmel-
zen. Blicken wir aus weiterem
Abstand auf die Bilder, nehmen
wir die Bildflächen als Einheit
wahr, die allerdings, wie die
atmende Fläche eines Sees, leise
vibriert und pulsiert, also in einer
Bewegung ist, die sich verstärkt,
je näher wir ans Bild treten. Erst
nahe davor können wir die
Struktur und ihre Bausteine
erkennen und die Schichten
unterscheiden.
In dieser kompakten wie durch-
sichtigen, atmenden Bildfläche
sind nun schmale Flächen, farbige Rechtecke, Scheiben oder
allgemeiner: Akzentuierungen.
Sie schweben auf oder in ihr.
Sind sie kleinteilig, folgen sie
einer bestimmten Ordnung, die
dann offensichtlich ist, wenn sie
sich zu diagonalen, senkrechten
oder waagerechten Reihen formieren, die aber nachgefühlt sein
will, wenn sie ohne schematische
Einsichtigkeit frei, das heißt hier:
ohne sofort erkennbares System
angeordnet sind. Diese Farb-
akzente gehören einer dritten
Malschicht an. Ihre Farbe ist nie
laut, setzt nie krassen Kontrast,
sondern es scheint sich in dieser
Farbigkeit die im strukturierten
Bildplan gesetzte Richtung zu
verstärken, zu konzentrieren,
aufzublühen, endlich aus der
atmenden Fläche aufzusteigen,
wirklich zu werden, leibhaftig.
Diese Beschreibung des Malvor-
gangs und des Ergebnisses dieser Bilder - bietet sie eine Seh-
hilfe? Ich glaube insofern, als sie
uns bewußt macht, daß diese
Bilder mehr und Komplizierteres
zeigen, als unser Blick sofort auf-
nehmen kann. Freilich, sie weisen
keine Gegenstände auf. Diese
Bilder sind selbst Gegenstände,
die auf nichts verweisen als auf
sich selbst, darin der Wasser-
fläche oder einem gepflügten
Feld ähnlich, wenn wir gelernt
haben, solche Bilder in der Natur
als Bilder zu erleben, zu sehen.
Der Reichtum dieser Bilder von

Rolf-Gunter Dienst liegt darin,
daß sie unsere Augen — wenn wir
bereit sind, sie verweilen zu
lassen — dazu erziehen, ihn in
zarten Farbmischungen und
differenzierten Strukturen zu entdecken, gleichsam in uns, nicht
als leeres oder stummes Gegenüber, sondern als meditatives
Feld, in das wir immer wieder und
— je nach wechselnder Beleuchtung und eigener Befindlichkeit —
immer von neuem eindringen
können.
Im Grunde sind diese Bilder
Meditations-Tafeln, die uns —
immer vorausgesetzt, wir sind
dazu bereit — über unseren Seh-
sinn in einen Bereich entlassen,
in dem das lebendige Ordnung
von Farbschichten vergegen-
wärtigt ist, die sich durchdringen,
ohne sich auszulöschen, die sich
gegenseitig antworten, ohne sich
zum Verstummen zu bringen, die
sich aneinander steigern und
dennoch zur Einheit verweben.
Entweder ist Ordnung oder nicht,
entweder ist Harmonie, die nicht
herrscht, sondern gewachsen ist,
oder keine, entweder ist jedes
Teil vollberechtigt, oder es wird
wieder unterjocht und das eine
auf Kosten des anderen vor-
gezogen.
Rolf-Gunter Dienst hat in seiner
Malerei die bewegte Gleichheit
des Ungleichen erreicht, die
sanfte Herrschaft der Bildfläche
über den Gegenstand, die
harmonische Einheit der Bild-
schichten und Bildstrukturen, die
deren gleichberechtigten Zuge-
winn nicht schmälert. Das ist die
ideale Ordnung einer demokrati-
schen Gesellschaft, die weiß, was
das eigentlich ist.

Jens Christian Jensen

Rolf-Gunter Dienst: »Undr« 1979.
Acryl/Leinwand, 50 x 50 cm

Rolf-Gunter Dienst: »Undr« 1980.
Acryl/Leinwand, 60 x 50 cm

Rolf-Gunter Dienst: »Undr« 1979.
Acryl/Leinwand, 60 x 50 cm

Eberhard Eckerle

1949 in Baden-Baden geboren
Studium an der Staatlichen Akademie der bildenden Künste in
Stuttgart und am Royal College
of Art in London
seit 1979 Lehrtätigkeit an der
Universität in Karlsruhe
lebt in Gernsbach

Mitglied des Deutschen Künstler-
bundes
Mitglied des Künstlerbundes
Baden-Württemberg

seit 1973 Einzelausstellungen
und Teilnahme an Gruppenausstellungen

seit 1976 verschiedene, parallel
laufende Werkgruppen — Eisen,
Holz, Stein

»Kopftisch II/83«, 1983.
Eisen geschweißt,
150 x 80 x 32 cm

»Dinge aus Holz und
Eisen«, 1982/83. Holz,
Eisen, 12teilig, je 80 cm
lang

Eberhard Eckerle: »Schwemmholz V/83«.
Schwemmholz von Murg und Rhein,
ca. 35 qm

Eberhard Eckerle: »Schwemmholz I«,
1979. Schwemmholz vom Rhein, ca.
12 qm

Eberhard Eckerle: »Figurentisch III/83«.
1983, Eisen geschweißt/Corten,
165 x 220 x 120 cm

Ralph Fleck

»Schrottplatz 19/VIII«,
1981. Öl/Packpapier,
65 x 75 cm

1951 in Freiburg geboren
1973—1978 Studium an der
Staatlichen Akademie der
bildenden Künste Karlsruhe,
Außenstelle Freiburg
1980 Meisterschüler bei Peter
Dreher

Einzelausstellungen
Freiburg, Frankfurt, Mainz, Düs-
seldorf, München, Ludwigshafen/
Rhein, Tübingen, Baden-Baden,
Stuttgart, Karlsruhe, Lübeck

Gruppenausstellungen
1977—1983 Jahresausstellungen
Deutscher Künstlerbund
1975/79/83 Forum junger Kunst
1978/79/81/82 Künstlerbund
Baden-Württemberg
Wanderausstellung »Landschaf-
ten«, Arbeitsring Ausland des
BDI-Kulturkreises (Alexandria,
Kairo, Amman, Beirut, Damaskus,
Singapur, Tokio)
25 junge deutsche Maler,
Moderna Galerija Ljubljana und
Kunstverein Lissabon
1977 »Landschaft heute«, Förderpreis Sparkasse Karlsruhe
1978 Preisträger des Kulturkreises im Bundesverband der
Deutschen Industrie
1981 Villa Massimo-Preis, Rom

Arbeiten im Besitz von Augusti-
ner Museum Freiburg, Kupfer-
stichkabinett und Kunsthalle
Karlsruhe, Museum Rüsselsheim,
Städtisches Museum Lever-
kusen, Karl-Ernst-Osthaus-
Museum Hagen

Bibliographie
Herbert Schneidler in Katalog
»Zeichnungen 5«, Museum
Leverkusen
Günther Wirth, »Kunst im
deutschen Südwesten von 1945
bis zur Gegenwart«
Come-back der Malerei?, das
kunstwerk 3/XXXIII, 1980

Seherlebnisse und deren Umsetzung in Malerei stehen für mich
im Mittelpunkt meines Schaffens.
Motive und Themen sind für mich
nur insofern von Bedeutung,
solange ich glaube, diese in gute
Bilder übersetzen zu können; das
heißt, für mich ist es wichtig,
malerische Lösungen zu verschiedenen Bildmotiven zu
suchen und zu finden, jedoch
ohne die Absicht, Inhalte wertend
zu vermitteln.   Ralph Fleck

Ralph Fleck: »Schrottplatz 9/XII«, 1982.
Öl/Packpapier, 65 x 75 cm

Ralph Fleck: »Alpenstück 5/I«, 1983.
Öl/Packpapier, 65 x 75 cm

Ralph Fleck: »Alpenstück XVIII«, 1981.
Öl auf Leinwand, 150 x 200 cm

Christa
Goertz

1950 in Karlsruhe geboren

Wichtigste Werkphasen
Durch einen Studienaufenthalt in
London 1969 entstehen dort,
angeregt durch die Ausstellung
»Chinese paintings« im Victoria
und Albert Museum, kleinformatige Aquarelle, in denen die Farbe
vorwiegend als »Lokalfarbe« eingesetzt ist. Die Motive suche ich
mir aus meiner nächsten
Umgebung. Es sind menschenleere Räume, die nur durch
zurückgelassene Utensilien und
Requisiten den Bewohner
erahnen lassen.
Nach einem Triptychon in Öl,
»Römische Impressionen«, das
1972 in Rom entsteht, wende ich
mich wieder der Technik zu, mit
der ich matte Oberflächen
erreiche. Es entstehen die ersten
Gouachen. Farbe setze ich jetzt
differenzierter ein und achte
mehr auf Valeurs.
In Rom beginne ich mit der
Gegenüberstellung von klassischen Bildzitaten und meiner
eigenen Raumvorstellung. So
auch 1975 »Ein dunkler Traum
von Menzel's Raum«.
Von 1977 an ändert sich zwar
nicht die Art der Darstellung,
doch die Inhalte entwickeln sich
jetzt mehr aus literarischen
Anregungen. Zum Beispiel 1977:
»Auf der Suche nach der verlorenen Zeit« — meine fiktive Vorstellung des Wohn-Schlaf-
Arbeitsraumes von Marcel
Proust. Meine Bilder verlieren in
diesen Jahren immer mehr an
Licht, an Farbe, bis sie fast gänzlich in Dunkel gehüllt scheinen.
1982 verändern sich die Proportionen. Das Bildformat wird
größer und damit auch das Dargestellte. Allmählich kehrt wieder
Licht ins Dunkel — zunächst einmal nur durch die Beleuchtung
einer Kerze in »Hommage an
Virginia Woolf«.

Bedingt durch das größere Format ändert sich nun die Technik.
Es entstehen jetzt Bilder in
Acryl.
Bis dahin gab es den Menschen
in meinen Bildern höchstens als
»Bildzitat«, 1982 erscheint nun
mit meinem ersten Selbstporträt
das Individuum Mensch in Verbindung mit seinem spezifischen
Umraum im Großformat.
Das Licht wird jetzt in großem
Maße wirksam, und Hell und Dunkel bestimmen weitgehend die
Komposition meiner Bilder mit.
Es entstehen immer wieder Stilleben, doch der Mensch als Individuum, zurückgezogen in seinen
privaten Raum, gewinnt für mich
immer mehr an Bedeutung.

Bilder im Gegenlicht —
das bezieht sich nicht allein auf
die bildliche Darstellung, es ist
auch metaphysisch zu sehen. Als
Lichtbringer in meine »privaten«
Räume dient das Fenster. Durch
die Art und Weise, wie das Licht
in den Raum einfällt, ob sanft
modulierend, grell raumerfüllend
oder bizarre Muster zeichnend,
es wird eine spezifische Atmosphäre und Stimmung geschaffen, die sich gleichsam in den
dargestellten Menschen widerspiegelt.
»Etwas ins rechte Licht setzen« —
dieser Ausspruch zeigt, wie wertend Licht aufgenommen wird.
Das Licht läßt Unscheinbares
aufleuchten und taucht Scheinbares ins Dunkel. Doch das
Dunkel ist genauso existenter
Bestandteil des Irdischen wie das
Licht. So sehe ich das Dunkel
keineswegs als Negation von
Hell, sondern behandle es gleichwertig und gleichberechtigt. Das
Dunkel, der Schatten, ist somit
notwendiger Bestandteil meiner
Bilder.
Schatten, bedingt durch das
Licht — ich nehme diese Einsicht
wahr und komponiere damit.
In dem Maße, wie Licht und
Schatten nicht nur im Kontrast
von Hell und Dunkel, sondern
auch von Kalt und Warm stehen,
versuche ich in meiner Malerei
bewußt eine Spannung zwischen

geometrisch-grafischen und
organisch-malerischen Elementen zu erzeugen.
In diesem Wechselspiel von Licht
und Dunkel, Kalt und Warm sehe
ich das Individuum Mensch.

Christa Goertz,
Eichtersheim 1984

Publikation
»Deutsche Künstlerinnen des
20. Jahrhunderts«, Malerei—Bildhauerei—Tapisserie, Hrsg. Ulrika
Evers, 1983. Ludwig Schultheis
Verlag, Hamburg

Christa Goertz: »Eva mit blauem Cello«,
1983. Acryl auf Holz, 150 x 141 cm
(Foto Jochen Heine)

Christa Goertz: »Mein Musenmann«,
1982. Acryl auf Holz, 105 x 105 cm
(Foto Jochen Heine)

Christa Goertz: »Lichtblicke im Mal-
zimmer«, 1982. Acryl auf Holz,
150 x 200 cm (Foto Jochen Heine)

Jürgen Goertz

1939 in Albrechtshagen/Posen geboren
lebt in Angelbachtal/Eichtersheim
1962 Werkkunstschule Hannover
1963—1966 Studium der Bildhauerei an der Staatlichen Akademie der bildenden Künste Karlsruhe bei Wilhelm Loth, Examen für Kunsterziehung
1966—1968 Stipendiat der Studienstiftung des deutschen Volkes
1968/69 Aufenthalt in London an der Camberwell School of Art über den DAAD
seit 1969 freischaffend (Ausführung verschiedener öffentlicher Aufträge)
1971/72 Gastlehrauftrag an der Kunstakademie Karlsruhe
1972/73 Villa Massimo-Preis, Rom
1973 Preis der Bundesrepublik bei der »XXI. biennale internazionale d'arte« in Florenz
1975 Arbeitsstipendium des Kulturkreises im BDI
1978 Berliner Kunstpreis. Gestalterische Mitwirkung an dem Fernsehfilm »Jean Pauls Katzenberger's Badereise« von Gerd Winkler
1979 Umbau einer barocken Schloßkapelle in ein Atelier
1979 Haueisenpreis des Landkreises Germersheim (Pfalz)

Einzelausstellungen
1967 Galerie Gräber, Freiburg
1971 Pfaff-Galerie, Offenburg
1973 Galleria Villa Massimo, Rom
1974 Badischer Kunstverein Karlsruhe. Haus der Kunstschau Böttcherstraße, Bremen
1975 Galerie Buchholz, München
1977 Forum Kunst Rottweil. Galerie Rothe, Heidelberg
1978 Galerie Proll, Berlin
1981 Kunsthalle Darmstadt. Kunsthalle Heilbronn
1983 14. Art Basel

Gruppenausstellungen
von 1968 an Künstlerbund Baden-Württemberg
1969 Kunstpreis der Jugend, Mannheim
seit 1970 Gesellschaft der Freunde junger Kunst, Baden-Baden. Deutscher Künstlerbund
1971 Aktiva München und Münster
1973 »XXI. biennale internazionale d'arte« in Florenz. »Studiengäste aus Baden-Württemberg in Paris und Rom 72—73«, Galerie der Stadt Stuttgart
1974 »Deutsche Bildhauer der Gegenwart«, Augsburg. »Süddeutsche Objekte«, Saulgau. »Kontakte — Kontraste«, Heidelberger Kunstverein
1975 »Große Kunstausstellung«, München
1976 »Kunstpreis Böttcherstraße«, Bremen. »Schuhwerke«, Kunsthalle Nürnberg. »ars viva«, Wilhelm-Lehmbruck-Museum Duisburg. »Sex und Eros«, Galerie Rothe, Heidelberg
1977 »ars viva«, Nürnberg. »Freie Berliner Kunstausstellung«, Berlin. »ars viva«, Kaiserslautern. »D-Realismus«, Kunstverein Kassel. »Zeichnungen von Realisten — 37 Deutsche«, Galerie Poll, Berlin
1978 »Die bildende Kunst und das Tier«, Hannover. »Plastik im Park«, Villa Massimo, Rom. »Freie Berliner Kunstausstellung«, Berlin. »Künstlerehen«, Kunstverein Karlsruhe. »Realisme d'aujourd'hui«, Goethe-Institut Paris. »Stipendiaten der Villa Massimo«, Baden-Baden und Berlin. »Maler und Bildhauer aus Karlsruhe«, Haus Baden-Württemberg, Bonn
1979 »Sehnsucht — Alptraum — Wirklichkeit«, Kunsthalle Nürnberg. »Europäische Gemeinsamkeit«, Kunsthalle Recklinghausen. »Aufstellung eines Mahnmals«, anläßlich der Freiburger Kunsttage
1980 »Große Kunstausstellung«, München. »Liebe — Dokumente unserer Zeit«, Kunsthalle Darmstadt und Kunstverein Hannover. »I. Triennale Fellbach — Kleinplastik in Deutschland«
1981 »Bildhauertechniken«, Neuer Berliner Kunstverein

…Äußerster Naturalismus und pointierte Verfremdungen gehen in der Arbeit von Goertz eine frappierende Verbindung ein. Das Moment des Persiflierens spielt dabei eine wichtige Rolle: es läßt sich sowohl im Bereich des Thematisch-Ikonographischen als auch des Formalen beobachten. Indem die technisch brillante und in virtuoser Weise materialgerechte Umsetzung allgemeiner Erfahrungen der Umwelt in Aussagen zusammengefaßt wird, die auf einer engen Abstimmung plastischer und malerischer Kategorien begründet ist, entstehen Bildwerke von entschieden sinnbildlicher Aussage. Ironie und Groteske sind darin mit Nachdruck eingesetzte Faktoren. Sein Schaffen kulminiert in einer permanenten Auseinandersetzung mit der Wirklichkeit. Er unterwirft die Welt der Erfahrung einer umfassenden Verwandlung, sie wird zum Kristallisationspunkt seiner Aussagen. Materialien, Formen, Inhalte werden ebenso verwandelt wie Stile und künstlerische Vorbilder. Schien zunächst der Kunststoff das legitime Medium für eine derartige metaphorische Sicht, so hat Jürgen Goertz in den letzten Jahren gezeigt, daß auch Metall und andere Werkstoffe Ausgangspunkt von Realitätsverwandlungen sein können.

Andreas Franzke

aus: Katalog der Kunsthalle Darmstadt, 1981

Jürgen Goertz: »Engel im Ei«, 1983/84
(Foto Jochen Heine)

Jürgen Goertz: »Eule mit Selbstporträt«,
1982. Bronze, teils versilbert,
32 x 22 x 45 cm (Foto Jochen Heine)

Jürgen Goertz: »Madonna und Kind«,
1983. (Foto Jochen Heine)

Hetum
Gruber

1937 in Tilsit geboren
lebt in Baden-Baden

Einzelausstellungen
1975 Galerie im Taxispalais, Inns-
bruck. Kunstverein Ingolstadt
1976 Galerie Art in Progress,
München. Kunsthalle Nürnberg
1977 Galerie art in progress,
Düsseldorf
1978 Galerie Art in Progress,
München. Kunsthalle zu Kiel.
Künstlerhaus, Hamburg. studio f,
Ulm
1979 Modern Art Galerie, Wien.
Galerie art in progress, Düsseldorf
1980 Kunstverein Mannheim
1981 studio f, Ulm. Forum Kunst,
Rottweil
1982 Galerie Tilly Haderek, Stuttgart. Galerie Dr. Luise Krohn,
Badenweiler
1983 Südwest Galerie, Karlsruhe
1984 Städtische Galerie im
Lenbachhaus, München

beteiligt u. a. an documenta 6,
Plastik und Handzeichnungen

Bibliographische Notizen zu
Hetum Gruber: Katalog der Städ-
tischen Galerie im Lenbachhaus,
München 1984

Kann mich nur wundern über
mein Ohne-weiteres-Verständnis
für die Sachen des Donatello.
Stehe ich vor dem Abacuc und
meine, ich sehe mich, und ist das
wie eine Vision (wo ich doch
sonst Visionen nicht ausstehen
kann). Jedenfalls betroffen. Das
ist es: bei manchem (vielen)
Werken von Donatello meine ich
nicht nur, ich sei der Dargestellte,
sondern sind mir seine Werke
derartig vertraut, als hätte ich sie
selbst gemacht.
Ich bin eine Plastik von Donatello.
                                    H. G.

Hetum Gruber: »Liegender an einer
Wand II«, 1983. Schalholz, roh belassen,
ca. 350 x 180 x 50 cm

Hetum Gruber: »Spreizhand«, 1983.
Bauholz, roh. 135 x 105 x 144 cm

Hetum Gruber: »Liegende bei einem
Koffer«, 1983. Bauholz, anthrazit.
250 x 130 x 70 cm

Friedemann Hahn

am 24. Mai 1949 in Singen am
Hohentwiel geboren, Vater ist der
Maler Hans Hahn
1956 Umzug nach Hinterzarten
im Schwarzwald
bis 1969 Volksschule/Gymna-
sium
1969/70 Balletteleve in Frankfurt
am Main
1970—1974 Studium der Malerei
an der Staatlichen Akademie der
bildenden Künste Karlsruhe,
Außenstelle Freiburg im Breisgau,
bei Peter Dreher
1974—1976 Studium der Malerei
in Düsseldorf an der Staatlichen
Kunstakademie bei K. O. Götz
1974—1976 Stipendium der
Studienstiftung des deutschen
Volkes
1977—1979 Stipendium der Karl
Schmidt-Rottluff-Förderstiftung
1977 Kunstpreis Junger Westen
der Stadt Recklinghausen
1978 Heirat mit Doris Waldmann
1979 Aufenthalt in Florenz als
Stipendiat der Villa Romana
1980 Stipendium des Kulturkreises im Bundesverband der
Deutschen Industrie
1981 Gastdozent an der Fachhochschule für Gestaltung Pforzheim
1982/83 Aufenthalt in Rom als
Stipendiat der Villa Massimo

lebt und arbeitet in Brandenburg
bei Todtnau im Schwarzwald
Ausstellungen seit 1973

Kataloge
Städtische Galerie Wolfsburg,
1976
Ausstellungshallen Mathilden-
höhe Darmstadt, 1979
Kunstverein Freiburg, 1980
Kunstverein Braunschweig, 1981
Städtische Galerie Lüdenscheid,
1982
Kunstverein Wolfsburg, 1983

Immer aber haben sich Maler für
den Menschen, sein Leben, sein
Handeln und sein Leiden bereit-
gehalten und immer war und ist
das Porträt ein Stück besonderer
Malerei. Sobald sich der Maler
nicht mehr für den Menschen
und das menschliche Gesicht
interessiert, verliert die Malerei
ihre Hauptaufgabe, einen Beitrag
zu leisten zu der uralten Frage:
Wer ist der Mensch, woher
kommt er, wo geht er hin?
(Gauguin) Stellt sie diese Frage
nicht mehr, dann ist sie am Ende.
Sie kann nicht mehr sagen, wozu
sie da ist. Man hat bei vielem,
was heute als Malerei, als Kunst
im weitesten Sinne produziert
wird, das Gefühl, daß niemand
mehr nach dem Menschen fragt
und auch niemand mehr antwor-
tet. Bei Friedemann Hahn habe
ich dieses Gefühl nicht!

Gerd Presler

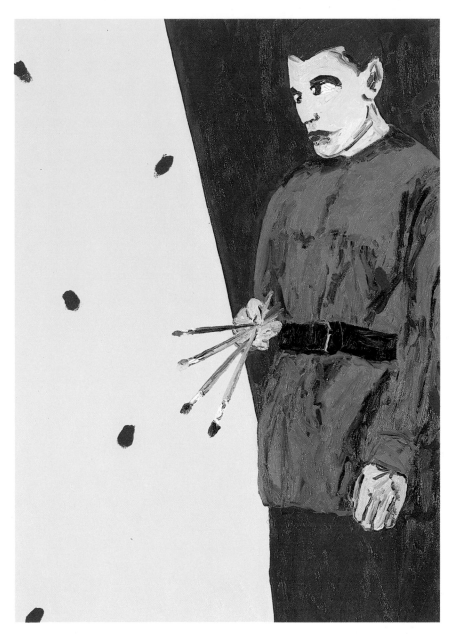

Friedemann Hahn: »Gottfried Brock-
mann 1924«, 1983. Öl auf Leinwand,
180 x 130 cm

Friedemann Hahn: »Maler mit Modell«,
1984. Zweiteilig, Ernst Ludwig Kirchner
mit Nina Hard (linke Tafel), mit Sam
(rechte Tafel), Öl auf Kohle auf Leinwand,
jeweils 180 x 120 cm

Ritzi
Jacobi

geboren 1941
1961–1966 Studium an der
Kunstakademie Bukarest
1970 Übersiedlung nach
Deutschland
lebt in Neubärental

Einzelausstellungen
mit Peter Jacobi
1970 XXXV. Biennale di Venezia
(Rumänischer Pavillon)
1976 Mannheim, Städtische
Kunsthalle, Gesellschaft der
Freunde junger Kunst
1978 Zürich, Museum Bellerive
1980 Perth, Art Gallery of
Western Australia. Melbourne,
National Gallery of Victoria.
Sydney, Coventry Gallery.
S'Hertogenbosch, Kruithuis.
Detroit, The Detroit Institute of
Arts. Los Angeles, Los Angeles
County Museum of Art. Phila-
delphia, Moore College of Art
1981 Chicago, Museum of Contemporary Art
1981/82 Aschaffenburg, Museum
der Stadt Aschaffenburg
1982 Aalborg, Nordjyllands
Kunstmuseum. Stockholm, Lilje-
vachs Konsthall
1984 Paris, Musée d'Art Moderne
de la Ville de Paris. Beauvais,
Galerie Nationale d'Art Textile

Bibliographie
Billeter, Erika, »The Art of the
Jacobis«. In: Katalog Ritzi & Peter
Jacobi. Detroit, The Detroit Insti-
tute of Arts, 1981
Fuchs, Heinz, »Ritzi und Peter
Jacobi«, Mannheim, Städtische
Kunsthalle 1976, Katalog
Jacob, Mary Jane, »Ritzi & Peter
Jacobi«. In Katalog: Options 8,
Ritzi & Peter Jacobi. Chicago,
Museum of Contemporary Art,
1981
Jenderko-Sichelschmidt, Ingrid,
»Neue Werkgruppen«. In Katalog:
Ritzi Jacobi, Works in Progess,
Museum der Stadt Aschaffen-
burg, 1981

So führen in den jüngsten
»Works in Progress« die künstlerischen Erfahrungen mit den
»Wänden« und den »Installationen mit Schatten« zu wieder
neuen — wörtlich zu nehmen:
Bildformen. Denn Ritzi hat eine
dreiteilige Arbeit geschaffen, die
an einer Wand aufgebaut ist. Hier
erscheint eine jeweils gleich
große Form einmal als zwei-
dimensionales schwarzes Bild,
dann als plastische schwarze
Form und schließlich — wie aus
den Gitterstäben der »Schatten-
Installationen« gefügt — als
durchbrochenes schwarzes
Relief vor der Wand; dabei sind
die Stäbe einem Parallelogramm
einbeschrieben, in der diagonalen Ausrichtung den deutlich
sichtbaren Pinselschwüngen der
beiden anderen Teile folgend. Die
Bildform ist weiß auf den schwarzen Stäben markiert. Faszinie-
rend ist hier auch die Mehrdeu-
tigkeit der formalen Aussage, die
malerische, plastische und zeichnerische Momente enthält. Damit
schließt diese Arbeit sich wieder-
um den früheren Werken an, die
von den Tapisserien über die
Softzeichnungen bis zu den
Schatten-Installationen eben
diese Ambivalenz der Gestal-
tungsmittel variieren.
Die gleiche schwarze, durch
mehrere Übermalungen grauer
und weißer Farbschichten und
durch den Wechsel von glänzen-
den und matten Partien sehr
lebendig wirkende Farbober-
fläche findet sich auch bei den
neuen »Wänden« unterschiedlichen Formats, mit denen Ritzi
immer neue Inszenierungen
arrangiert.
Die Brüchigkeit und Verletzbar-
keit der früheren »Papier-Skulp-
turen« hat sich nun zu einer
massiven, monumentalen
Erscheinungsform hin verwandelt, deren Ausstrahlung nicht
zuletzt von dem energisch
akzentuierten Rhythmus der
stets diagonal verlaufenden
Pinselstriche getragen wird.
    Ingrid Jenderko-Sichelschmidt

aus dem Katalog der Ausstellung
in der Kunsthalle Stockholm,
1982

Ritzi Jacobi: »Softzeichnung«, 1977.
Reispapier, Bleistift, 260 x 360 x 10 cm

Ritzi Jacobi: »Work in Progress«, 1982.
Dreiteilig, Holz, Pappe, Acrylfarbe, Größe
eines Elements 270 x 350 x 20 cm

Ritzi Jacobi: »Work in Progress«, 1982

Susi Juvan

1950 in Ebersbach/Württemberg geboren
lebt in Freiburg

1968–1971 Aufenthalt in Los Angeles
1972–1978 Studium an der Staatlichen Akademie der bildenden Künste Karlsruhe bei Peter Dreher in Freiburg, Meisterschülerin
1978/79 Auslandsstipendium des DAAD nach Italien
1979 Oberschwäbischer Kunstpreis
1981 Arbeitsstipendium der Kunststiftung Baden-Württemberg
1982 Reinhold Schneider-Förderpreis
1983 Katalog-Stipendium der Alfried Krupp von Bohlen und Halbach-Stiftung

Ausstellungen
seit 1975 Künstlerbund Baden-Württemberg
1975–1983 Forum junger Kunst
1977 und 1979 Deutscher Künstlerbund (Frankfurt, Stuttgart)
1978/79 »Selbstgespräche«, Württembergischer Kunstverein Stuttgart und Haus am Waldsee, Berlin
1980 »Vier Frauen«, Reuchlinhaus, Pforzheim
1982 Haus der Kunststiftung, Stuttgart
1983 Kunstverein Freiburg

Bibliographie
1978/79 Katalog »Selbstgespräche«, Württembergischer Kunstverein Stuttgart
1980 »Vier Frauen«, Kunstverein Pforzheim
1983 Katalog »Susi Juvan«, Kunstverein Freiburg
1983 »Susi Juvan«, Volker Bauermeister, »das kunstwerk« 6 XXXVI 1983

Am Anfang waren es Bilder, die an einem Inhalt hingen. Sätze über die Einsamkeit zu Hause, die »Angst vor Berührung«, das Unbehaustsein. Dann findet die Malerei, die sich gern in den Falten der Motive versteckte, ihren eigenen Weg. In bildflächensprengender Zeichen-Sprache entwickelt Susi Juvan ihre Aufbruchsphantasien. Bilder, die Träumen gleichen, die man nicht erzählen kann, da die Dichte der Empfindung dem entgegensteht. Susi Juvan malt »Rühr mich nicht an« (1977), »Tulpen« (1980), später ein Bild nach einer Postkarte, das sie »Vulkan-Herz« nennt: Vom gemalten Gedanken her trifft sie den Gegenstand, den sie verwandelt. Aus ihrer Innenwelt bewegt sie sich heraus, um von außen — als Malerin — in sie hineinzusehen. Sie lockert die Handschrift, will aber für ihre Großzügigkeit in jedem Moment auch die Begründung geben. Bis zu dem farbigen Klangteppich ihrer »Teiche« kommt sie im freien Malen und bereitet sich darauf diesen »Rückfall« mit einem kristallenen Engel. So nimmt sie ihren Anlauf mit immer einem neuen Umweg, da ihr Ziel geradenwegs nicht zu erreichen ist: Das Bild, das ein Zusammenschluß aller Bildgedanken wäre — die vollkommen verdichtete Struktur.   Volker Bauermeister

Susi Juvan: »Sprung«, 1983. Pastell,
Eitempera auf Tuch, 160 x 140 cm

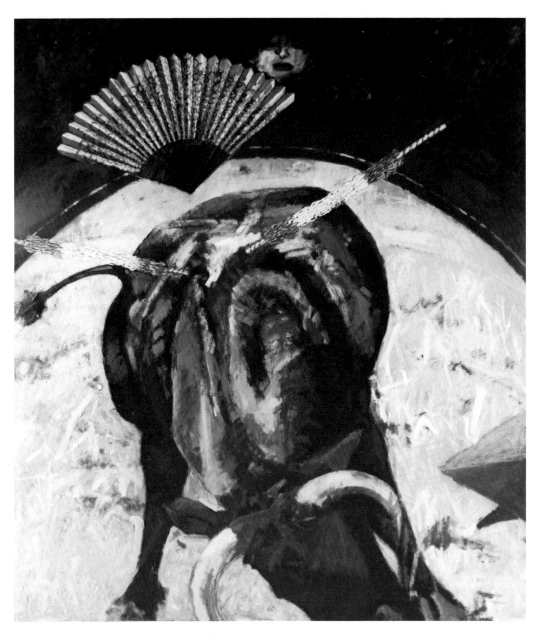

Susi Juvan: »Arena«, 1983. Pastell,
Eitempera, 160 x 140 cm

Susi Juvan: »Billiard«, 1982. Pastell,
Eitempera, 140 x 120 cm

N. A.
Kiby

geboren 1955

Studium an der Akademie der
bildenden Künste Karlsruhe bei
Schoofs, Ackermann, Kirkeby

Ausstellungen und Aktionen
1979 Gründung der ZENTRALE
in der Karlsruher Kunstakademie
1980 Kunst — privat, kein Zutritt!
— Forum RotArt, Karlsruhe
1982 »Ich träume von dicker
Ölfarbe« — Gesellschaft für Blick-
schulung, Berlin
1982 »Mit leiser Quengelstimme«
— Kunsthalle Karlsruhe
1982 »Mutter anrufen!« — Aktion
in der Karlsruher Kunstakademie
1983 Yorckstraße — Ausstellung

Ein Gemälde wird um so mehr
Bedeutung haben, je mehr es
über einen Niederschlag persön-
licher Lebensverhältnisse hinaus-
geht, je mehr es in künstlerischer
Gestalt erfüllt, was als Zeit- und
Zukunftsaufgabe vor der
Menschheit steht.
Das Individuelle des Gemäldes
stammt aus dem Charakter der
verschiedenen Elemente, aus
ihrem Eigenleben, nicht der
Künstler als Person prägt das
Werk: Vom Selbst des Künstlers
darf nur etwas in das Gemälde
eingehen, durch die Art, in der er
die Elemente erfaßt, sich ihnen
hingibt, ihren Geistgehalt erlebt.

Das Malen ist immer allgemein.
Es gibt keine persönliche Malerei.
Ein richtiges Gemälde ist für alle
gleich richtig.

N. A. Kiby: »ohne Titel« — 1983

N. A. Kiby: »ohne Titel« — 1983

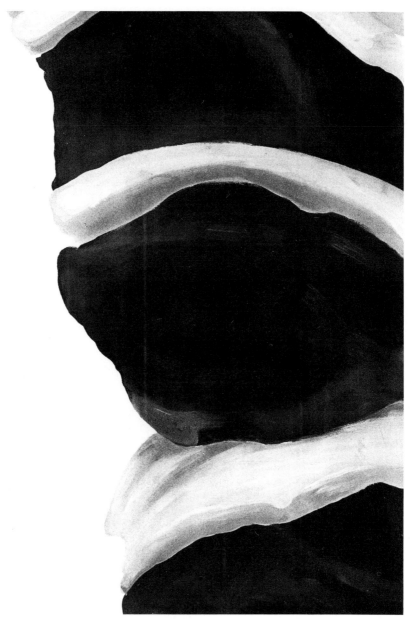

N. A. Kiby: »ohne Titel.« — 1983

Bert
Kirner

1951 in Freiburg/Breisgau
geboren
1971—1977 Studium an der
Staatlichen Akademie der bildenden Künste in Karlsruhe bei
Klaus Arnold
1982/83 einjähriger Aufenthalt in
den USA
lebt in Karlsruhe und Berlin

Verschiedene Veröffentlichungen
u. a. »Bild«-Zeitung 29. 10. 1981

»Pour niaiser et fantastiquer«
Montaigne

»ohne Titel« (A. H.),
1982. Dispersion/Holz,
210 x 160 cm

»ohne Titel« (Drei
Grazien). Dispersion/
Papier, 150 x 170 cm

72

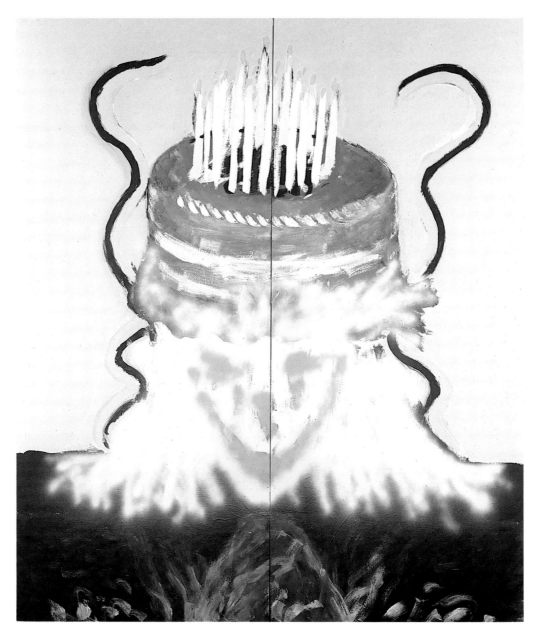

Bert Kirner: »Geburtstagstorte«, 1983.
Acryl, Holz, 214 x 183 cm

Bert Kirner: »ohne Titel« (Selbstbildnis
mit Katze), 1981. Dispersion, Lack Holz,
122 x 244 cm

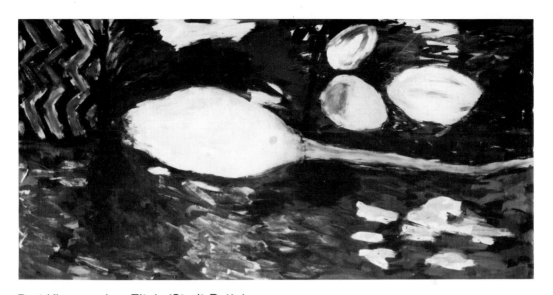

Bert Kirner: »ohne Titel« (Stadt-Ratte),
Dispersion/Sperrholz, 122 x 244 cm

Guido Kucznierz

1944 in Wohlau (bei Breslau)
geboren
1966–1970 Studium an der
Staatlichen Akademie der bildenden Künste Karlsruhe
1980 Stipendium der Kunststiftung Baden-Württemberg
1982 Förderpreis der Sparkasse
Karlsruhe

Einzelausstellungen
1971 Galerie Graphikmeyer,
Karlsruhe
1972 Württembergischer Kunstverein Stuttgart
1974 Galerie Garuda, Darmstadt.
Atelier im Turm, Pforzheim
1977 Staatliche Kunsthalle
Baden-Baden. Stadthalle
Marburg
1978 Wiener Sezession, Wien
1980 Galerie Symposium der
Künste, Mannheim
1981 Galerie Hilbur, Karlsruhe.
Haus der Kunststiftung Baden-
Württemberg, Stuttgart
1982 Galerie der Stadt Sindelfingen. Galerie Harter + Ventzki,
Göppingen

1983 Galerie im Theater, Esslin-
gen. Jesuitenkirche, Aschaffenburg. Galerie Györfi, Herrenberg
1984 Atelierhaus Stuttgart

Ausstellungsbeteiligungen
seit 1980 Künstlerbund Baden-
Württemberg
1983 III. Freiburger Symposium

Publikationen
Hans Jürgen Imiela, Kunsthalle
Baden-Baden, 1977
Günther Wirth: »Kunst im deut-
schen Südwesten von 1945 bis
zur Gegenwart«, Verlag Gerd
Hatje Stuttgart, 1982

---

1 guido kucznierz ist ein meister.
2 er fährt mit hand und fuß und haus gen himmel,
3 wo er in gesellschaft des großen bruders »zyklop« und der kleinen schwester »embryo«
4 mit kugelschreiber, bleistift, tusche, lack, nagellack, scherenschnitt, collage auf papier oder foto-
  kopie
5 sein wesen auf formaten wie 41,6 x 29,5 und 100 x 70 zentimeter treibt.
6 papiergebremstes propellersirren. farbunterhöhltes motorendröhnen.
7 es geht alles nach fahrplan.
8 wir sind mit von der partie.
9 »orientierungen« wie »wassersuche« und »fahnenspiele« sind uns beim auftrieb förderlich.
10 »fingerpferde« der ersten »himmelshäuser« wiehern in den trouvaillen aus sieben jahren.
11 flugversuch. flugversuche. flugversuch.
12 ikarus flugstudien. »flügel«. »nachthaus«. »bogen mit flughülle«.
13 es geht vom »schaukelfuß« zur »kopfhülle« empor,
14 empor, emphatisch empor, endlos.
15 post-script: man nehme den räumen raum.
16 flächig. und gebe ihn ihnen, in weniger als endlicher ausdehnung,
17 plastisch zurück.
18 emul — ero — explo —
19 explo — ero — emul — sion.
20 ginka steinwachs

Guido Kucznierz: »Kopfhülle«, 1983.
Lack, Collage, 100 x 70 cm

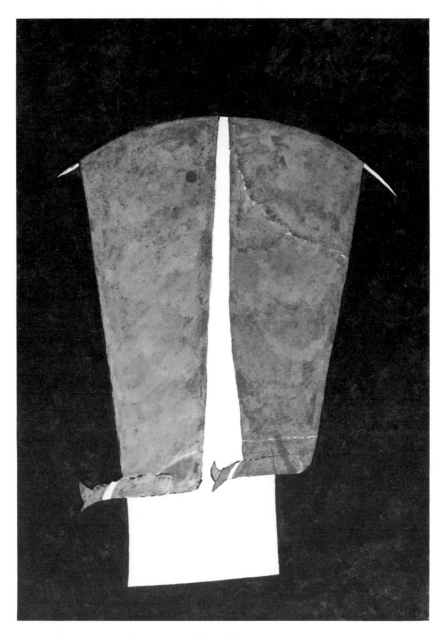

Guido Kucznierz: »Bogen mit Flughülle«,
1983. Lack, 100 x 70 cm

Guido Kucznierz: »Nachthaus«, 1983.
Lack, 100 x 70 cm

Christiane Maether

1941 in Berlin geboren
lebt in Neustadt an der Weinstraße

1961—1967 Studium an der
Hochschule für bildende Künste,
Berlin, bei Peter Janssen und
Alexander Camaro
1967 Meisterschülerin
1974 Villa Romana-Preis, Florenz
1975 Arbeitsstipendium des
Kulturkreises im BDI
1976 Förderpreis des Landes
Rheinland-Pfalz
1978 Purrmann-Preis der Stadt
Speyer
1977—1979 Gastdozentur an der
Staatlichen Hochschule für
bildende Künste (Städelschule)
Frankfurt
1982 Berufung an die Fachhochschule Aachen

Mitglied im Deutschen Künstlerbund

Einzelausstellungen
1967 Galerie Potsdamer, Berlin
1968 Kabinett für aktuelle Kunst,
Bremerhaven
1969 Galerie Niebuhr, Berlin.
Forum Stadtpark, Graz
1973 Britta Heberle, Frankfurt
1974 Stummer und Hubschmidt,
Zürich. Galerie Thelen, Köln
1975 Kunsthalle Baden-Baden
1976 Kunstverein Neustadt an
der Weinstraße. Forum Kunst
Rottweil. Haus am Lützowplatz,
Berlin
1977 Kunstverein Mannheim
1978 Galerie Stolánová, Wiesbaden. Galerie Britta Heberle,
Frankfurt
1979 Pfalzgalerie, Kaiserslautern
1984 Galerie Rothe, Heidelberg.
Galerie Hartwig, Berlin

Gruppenausstellungen
1966/67 Große Berliner Kunstausstellung
seit 1973 Beteiligung an den
Ausstellungen des Deutschen
Künstlerbundes
1974 Große Münchner Kunstausstellung
1975 Kunstpreis Böttcherstraße,
Bremen
1976 Pfälzische Sezession,
Kaiserslautern
1977 ars viva, Kunsthalle Nürnberg. zum Beispiel Villa Romana
— Kunstförderung in Deutschland, Kunsthalle Baden-Baden.
Kunsthalle Recklinghausen
1977/78 I materiali del Linguag-
gio, Firenze, Palazzo Strozzi
1978 Fourth Triennale India,
Seven german realists
1979 Formen des Realismus
heute, Warschau, Kunsthalle
Recklinghausen
seit 1979 Beteiligung an den
Ausstellungen der Darmstädter
Sezession. Kunstverein Speyer
(Purrmann-Preisträger). Kunstverein Vechta
1980 Kunstverein Oldenburg
(Formen der Zeichnung)
1982 Villa Streccius, Landau
1983 Galerie Below, Stuttgart

Abendland—Morgenland

Im Sommer 1983 reiste ich in den
Orient: Byzanz—Kleinasien—
Mittelmeer. Die Gegenwart sollte
mir verschlossen bleiben bis an
das Ende der Reise, aber die Ver-
gangenheit, die Spuren der jahr-
tausendalten Geschichte, das
Zurückliegende — schon fast Ver-
lorengegangene — wurde mir zu
einer lebendigen, nachhaltigen
Begegnung.
Wunderbare Welt der Antike,
feierliche Stille verfallener
Tempelanlagen. Opfersteine erinnern an Mysterien und alte Riten.
Totenstadt, Sarkophage, von Erd-
beben durcheinandergestürzt.
Erinnerungen an dramatische
Ereignisse werden wachgerufen.
Überhelles heißes Licht. Weißer
Marmor blendet das Auge. Para-
dies — und Höllenschlucht. Unter-
irdische Städte, Tal der Eremiten.
Prozessionen von Göttern im Fel-
senheiligtum der Hethiter.
Stumme versteinerte Zeugnisse.
Ein zerbrochener Medusenfries,
vom Sockel gestürzte Liebes-
göttin. Kühl sind die Stein-
brocken. Ein Hauch von Ewigkeit
haftet ihnen an. Ich ruhte auf
ihnen, drang in sie, begegnete
ihren Seelen. Überall um mich
herum wurde es lebendig.
Längst bin ich wieder im Atelier —
aber nun flüstert es manchmal
um mich herum. Ich lausche, und
meine Phantasie beflügelt sich.
Bin ich Zuhörende oder bin ich
Erzählerin. Zaubere und
beschwöre ich oder bin ich
Betroffene. Erregung, Angst,
Schrecken, Erotik. Mythos oder
Allegorie. Rollentausch, Symbole.
Figuren sind Träger dieser Attri-
bute geworden. Sie werfen
Schatten, werden sichtbar. Seide
knistert, schwarzer Samt an manchen Stellen erblindet von
grauen Schuppen. Frauen-
gestalten.
Meine kleine Tochter Maya überraschte mich heimlich in meinem
Atelier. Sie erkannte in einer
neuen Arbeit freudig »ihre
schwarze Mutter«.
Urmysterium war die Mutter-
schaft. Schimäre, Sphinx, Gorgo,
Hesperiden, Erinyen: die große
Göttin, Stammesmutter, dreifal-
tige Mondgöttin, Schicksalsgöt-
tinnen erscheinen in weißen
Gewändern. Drei Grazien treten
mir im archäologischen Museum
entgegen. Ihr Lächeln und ihre
zeitlose Schönheit berühren
mich, sind mir so vertraut. Antike
Welt dringt in meine Gegenwart.
Schwarze und weiße Bilder entstehen in hellen Nächten und an
dunklen Tagen. Stetes Wechselspiel: Schwarze Frau, weiße Ver-
hüllung — eine weiße Gestalt
schaut ihr schwarzes Spiegel-
bild— schwarzes Gesicht mit wei-
ßem Schlamm bedeckt.
Ich suche, Erlebtes faßbar zu
machen.

Christiane Maether,
30. Januar 1984

Christiane Maether: »Orient und
Okzident«, 1983. Mischtechnik auf Papier,
175 x 150 cm

Christiane Maether: »ohne Titel«, 1983.
Mischtechnik auf Papier, 104 x 76 cm

Christiane Maether: »ohne Titel«, 1983.
Mischtechnik auf Papier, 104 x 76 cm
(Fotos Robert Häusser)

Gloria Mai

1941 in Stuttgart geboren
lebt in Mannheim und Stuttgart

1960 staatl. gepr. Textildesignerin
1973 Aufgabe des Berufes,
Beginn der freien künstlerischen
Arbeit
1975 Preis der Stadt Salzburg für
Figurale Malerei
1980 Europapreis der Stadt
Ostende für Malerei

Gruppen- und
Einzelausstellungen
1976 Künstlerbund Rhein-
Neckar, Kunstverein Mannheim
1977 Synagoge Sandhausen,
Künstler des Rhein-Neckar-
Raumes
1978 Jahresgaben, Kunstverein
Heidelberg
1979 27. Jahresausstellung,
Deutscher Künstlerbund, Stuttgart
1980 Nationalmuseum of Wales,
Cardiff, United Kingdom, Druck-
graphik
1981 22. Jahresausstellung,
Neue Darmstädter Sezession,
Mathildenhöhe Darmstadt
1982 28. Jahresausstellung,
Künstlerbund Baden-Württemberg, Kunstverein Karlsruhe
1983 Wilhelm-Hack-Museum,
Ludwigshafen/Rhein

Bibliographie
La Revue Moderne des Arts et de
la Vie, Décembre 1979/Janvier
1980, Paris
Ulrika Evers, Deutsche Künstle-
rinnen des 20. Jahrhunderts,
Ludwig Schultheis Verlag,
Hamburg, 1983

In meinen Arbeiten zeichne ich
Gedanken und Gefühle durch
spontanes Hinschreiben auf, mit
dem Ziel, an mein Unbewußtes
heranzukommen und dies in
meine Arbeit einfließen zu lassen.
Gloria Mai

Auf der Schwelle zwischen Imagination und Assoziation

Seit 1977 ist die künstlerische
Schaffensweise von Gloria Mai
von einem stark skripturalen Element geprägt. Blattformate,
deren Dimensionen sich in Höhe
und Breite nach ihrer Körper-
größe richten, um stehend vor
ihnen arbeiten zu können, bilden
einen wichtigen Faktor im Appa-
rat der verwendeten Materialien;
gleichsam Erfahrungswert und
erkannte Notwendigkeit in einem
Gestaltungsprozeß des spontanen »Zeichen-setzens« auf dem
Papier. Gestische Lineamente,
die in ihrer rhythmischen Wieder-
holung beim Betrachter kalli-
graphische Strukturen assoziie-
ren lassen, sind das Ergebnis
einer im Moment ihres Ent-
stehens kontemplativen Konzen-
tration, einer bewußt gewählten
Isolation, die den prozeßhaften
Verlauf erst möglich macht.
Farbig gesetzte Flächen — unterlegt oder über das Lineament
geschoben — im Einklang mit
Räumlichkeit evozierenden, in
ihrer Anlage fahrigen Strichlagen,
bilden das Kompositionsprinzip —
korrespondieren und kollidieren
miteinander — schaffen Sphären
der Ruhe und Zonen disharmoni-
schen Kontrasts. Spannungen im
Bildgefüge werden aufgebaut
und gleichsam wieder entladen.
Es sind Bildfindungen, in denen
auch Autobiographisches mit-
schwingt. Die Titel ihrer Arbeiten
lassen erahnen, daß hier das
emotionale Statement einen
gewichtigen Teil der Motivationen
von Gloria Mai bildet. Entscheidend ist allerdings der Schritt —
und der läßt ihre Arbeiten von
einer sich auf die Person der
Künstlerin zurückbeziehenden,
tagesgebundenen Aktualität zu
originären Leistungen werden —,
daß sie es schafft, die in ihrer
Anlage und Struktur stereotypen
künstlerischen Ausdrucksformen
in archetypische Bilder zu trans-
formieren. Ihre Arbeiten sind viel-
schichtige visuelle Gleichungen.
Friedrich W. Kasten

Gloria Mai: »Aufzeichnung vom
15. 10. 1983«, Mischtechnik/Papier,
99 x 112 cm

Gloria Mai: »Aufzeichnung vom 6. 2. 1983«.
Mischtechnik/Papier, 99 x 112 cm

Gloria Mai: »Aufzeichnung vom 6. 9. 1983«.
Mischtechnik/Papier, 99 x 112 cm

Klaus Merkel

1953 in Heidelberg geboren
lebt in Freiburg
1975—1980 Studium der Malerei
in Freiburg und Karlsruhe bei
Peter Dreher
1979 Haueisen-Förderpreis
Rheinland-Pfalz
1980/81 DAAD-Stipendium nach
Wien

Einzelausstellungen
1981 Atelierausstellung, Palm-
gasse 8/11, Wien
1982 Galerie Dr. Luise Krohn,
Badenweiler
1984 Galerie art in progress,
Düsseldorf

Gruppenausstellungen
1979 Mehlwaage, Freiburg
1980 Künstlerbücher/Buch-
objekte, Universitätsbibliothek
Freiburg
1981 Zeichnungen — Stadt-
zeichen — im Rahmen der Wiener
Festwochen, Museum des
20. Jahrhunderts, Wien
1983 Galerie Gmeiner, Kirchzarten. Atelierausstellung Wilhelmstraße 17, Freiburg

Die zum Teil stark differierenden
Formate der Bilder von Klaus
Merkel verraten die Bedeutung
des Bildträgers als Objekt, was
auch durch die aus einzelnen
Tafelfragmenten zusammenge-
stückten Bildkonstruktionen
unterstrichen wird. Die verhaltene Größe der Formate orientiert
sich an der »Handlichkeit« eines
physischen Gegenübers, dies vor
allem dort, wo Merkel in den
mannshohen Stelenbildern direkt
anthropomorphe Proportionen
und Maßstäbe anklingen läßt.
Die Körperlichkeit manifestiert
sich aber auch auf der Ebene der
materialen Qualität der Malerei:
Pastos aufgetragen, wirkt die
Farbschicht wie eine zähe, nicht
verfestigte, graue Masse, in die
zwar zeichenhaft-figürliche

(kopfhafte), aber betont ding-
hafte Geflechte eingeformt werden. Man erkennt die Oberfläche
als eine Art »topographisch-
verdickten Ozean«, den die
festeren Bildelemente durch-
schiffen. Dies bewirkt auch den
Eindruck von Vorläufigkeit, unterstützt durch die scheinbar in
Verschiebung befindlichen,
gelenkigen Aststrukturen.
Diese Vergegenwärtigung des
energetisch-physischen Malprozesses korrespondiert mit der
sowohl konstruktiv-aufbauenden
(Baukasten) wie subtraktiven
Formung einer Plastik. »Der
Widerstand des Materials« ver-
zögert eine rein gestische
expressive Seelenentäußerung.
Merkels Bilder tragen wesentlich
plastisch-haptische Eigenschaf-
ten; behalten aber bildhaft
Imaginatives bei (Formen sind als
Zeichen lesbar). Die Frage nach
»Abstraktion« ist nicht entscheidend, mehr die nach Konkretion.
Es geht um eine Art Körpermale-
rei, bei der über die Physis von
Bewegung und Spannung sich
ein »Körperdenken« der Leinwand mitteilt. Die Umsetzung
wird aber nicht von einer simplen
Bauchemotionalität gesteuert,
sondern der Körper ist Instru-
ment sinnlichen Erkennens, ähnlich der sensualistischen
Beschreibung des Denkens als
körperlicher Vorgang. Emotionale
Elementarität und bildnerisches
Denken sind in einem produkti-
ven Spannungsverhältnis gegeneinander gehalten.
Dazu verdeutlichen die spür-
baren Antagonismen von Kraft
und Widerstand die »Entschei-
dungsschwere« innerhalb des
»kargen Malprozesses« (Merkel):
eine Schwere, die von einer
»überwindenden Konstruktion«
als spielerischer Formungswille
kontrastiert wird.

Markus Brüderlin
Basel/Wien, im Januar 1984

Klaus Merkel: »ohne Titel«, 1983.
Öl auf Leinwand, 80 x 100 cm

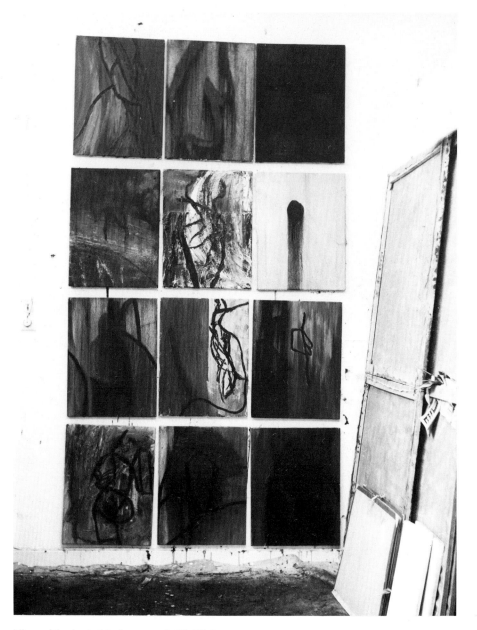

Klaus Merkel: Atelierwand, 12 Bilder aus
»Reise«, 1983/84. Öl auf Leinwand,
jeweils 60 x 45 cm

Klaus Merkel: »Reise«, 1983. Öl auf Leinwand, 60 x 45 cm

Hannelore Neeb

1940 in Stuttgart geboren
1970—1976 Studium der Bildhauerei an der Staatlichen Akademie der bildenden Künste
Karlsruhe bei Wilhelm Loth
1975/76 Meisterschülerin
1977/78 Stipendium des DAAD
für Wien
1980 Stipendium der Kunststiftung Baden-Württemberg

Einzelausstellungen
1976 Badischer Kunstverein
Karlsruhe. Forum Kunst Rottweil
1978 Stadthalle Marburg
1980 Akademie der bildenden
Künste Karlsruhe. Podium Kunst
Schramberg
1981 BBK-Werkstatt Mehlwaage,
Freiburg

Gruppenausstellungen
1971 20 Loth-Schüler, Galerie
Altes Theater, Ravensburg
1973—1980 Karlsruher Künstler,
Badischer Kunstverein Karlsruhe
1980 Kunstkreis Eppingen
1973—1983 Gesellschaft der
Freunde junger Kunst, Kunsthalle
Baden-Baden
1975 Grupe Kunstausstellung
München
1976 Neue Darmstädter Sezession »Plastiken auf der Ziegelhütte«
1981 29. Jahresausstellung Deutscher Künstlerbund, Nürnberg.
Friedrichsbund Baden-Baden.
Galerie Valentien, Stuttgart
1981—1983 Jahresausstellungen
des Künstlerbundes Baden-Württemberg
1982 Galerie Hilbur, Karlsruhe.
Galerie der Stadt Sindelfingen
1982/83 3. Wanderausstellung
Stipendiaten der Kunststiftung
Baden-Württemberg
1982 Susi Juvan — Hannelore
Neeb, Kunststiftung Baden-Württemberg in Stuttgart
1983 Jesuitenkirche Aschaffenburg: Neeb, Kucznierz, Wetter
1983/84 Debütanten der Staatlichen Akademie Karlsruhe im

Ministerium für Wissenschaft und
Kunst, Stuttgart

Bibliographie
Katalog »Hannelore Neeb«, mit
Texten von Wilhelm Loth und
Andreas Franzke, Karlsruhe,
1980
Deutsche Künstlerinnen des
20. Jahrhunderts, Ulrika Evers,
Hamburg, 1983
»Kunst im deutschen Süd-
westen«, Günther Wirth, Stutt-
gart, 1982

Die Plastiken Hannelore Neebs
sind durchwegs in Kunststoff
nach modellierten Gipsformen
gegossen. Es ist erstaunlich, wie
der farbig getönte oder transpa-
rente Polyester den jeweils vor-
ausgegangenen Zustand in Gips
quasi vergessen läßt, so sehr
scheint nämlich das gewonnene
Formstück nur in Kunststoff
seine eigentliche Berechtigung
zu besitzen. Diese Beobachtung,
die jeder Betrachter vor den
Plastiken unwillkürlich macht, ist
um so überraschender, da die
Künstlerin ein Material, das geradezu als Inbegriff des Künstlichen und Anorganischen gilt, für
Gebilde verwendet, die mit
gezielter Unmittelbarkeit organische Assoziationen auslösen.
Das Artifizielle und das Organische gehen eine enge Verbindung, ja geradezu eine Symbiose
ein, wobei jede der Komponen-
ten ihre spezifischen, Qualitäten
nicht nur erhält und selbständig
zur Geltung bringt, sondern in
ihrem Nebeneinander ein
wesentliches Mittel der Aus-
druckssteigerung liegt. Metamorphosen der Tier- und Pflanzen-
welt stehen neben imaginären
Organgebilden, die zwar auf
Wirkliches anspielen, letztlich
jedoch in sich geschlossene,
plastische Formwerte darstellen,
die es der Interpretation jedes
einzelnen überlassen, ihr eigen-
williges Beziehungsgewebe zu
entschlüsseln.
Indem Hannelore Neeb sich von
Plastik zu Plastik ihre künstliche
Welt des Organischen vervoll-
ständigt und erweitert, ergibt sich
für sie die andauernde Heraus-
forderung, neue »Wesen« zu

erfinden, neues Scheinleben in
einer adäquaten, überzeugenden
Form zu gestalten. Der ikono-
graphischen Vielfalt entsprechen
die formalen Prinzipien und technischen Verfahren. In ihnen spie-
gelt sich eine erfreuliche Bereit-
schaft zum bildnerischen Wagnis
wider, die nicht zuletzt wesentlich
dazu beiträgt, daß jede einzelne
Arbeit bei aller Übereinstimmung
mit den Grundtendenzen der
Ausdrucksweise und Auffassung
der Künstlerin eine konzentrierte
Spontaneität auszeichnet.
Andreas Franzke

Hannelore Neeb: »Monster«, 1973.
Polyester, 70 x 60 x 66 cm

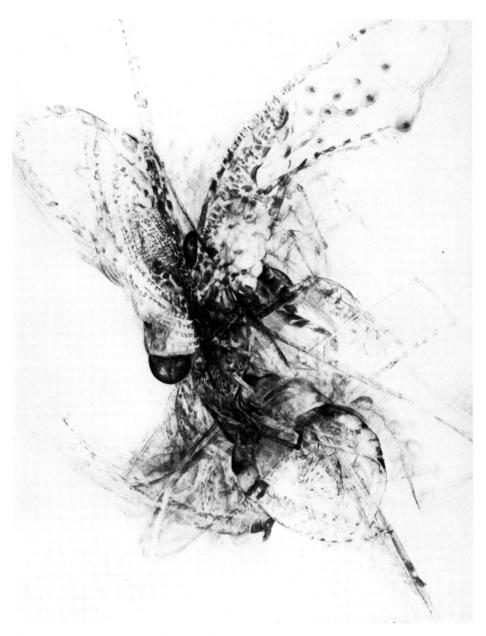

Hannelore Neeb: »ohne Titel«, 1983.
Kohlezeichnung, 113 x 88 cm

Hannelore Neeb: »ohne Titel«, 1983.
Kohlezeichnung, 100 x 71 cm

Norbert Nüssle

1933 in Heidelberg geboren
1951 Abitur in Mannheim,
anschließend Studium der
Romanistik in Heidelberg und
Paris
1956 Staatsexamen in Heidelberg, weiterer Studienaufenthalt
in Lille, erste Hinwendung zur
Malerei als Autodidakt
ab 1960 ständiger Wohnsitz in
Mannheim, Eintritt in den Schuldienst, Lehrer am Gymnasium
künstlerische Tätigkeit bewirkt
von 1978 an Reduzierung der
Lehrverpflichtung
Ausstellungen ab 1964
Hauptthema seit 1970: Urbane
Landschaft

Bibliographie
»Norbert Nüssle o il mondo
intero è collage«, Klaus Colberg
im Katalog: collages di Norbert
Nüssle, edizione galleria del
naviglio, Mailand 1981
Günther Wirth, »Kunst im Deutschen Südwesten von 1945 bis
zur Gegenwart« — Landschaft als
Farb- und Ausdrucksträger und
Raumphänomen. Verlag Gerd
Hatje, Stuttgart 1982
René Le Bihan, »Des images bien
insolites«, in: Vers un art breton
moderne, Histoire litteraire et
culturelle de la Bretagne,
Nouvelle librairie de France, 1983

Als Picasso und Braque die
Collage erfanden, kreierten sie
nicht so sehr eine neue Technik —
vergleichbare Verfahren gab es
schon früher — als vielmehr eine
neue Weise der Darstellung von
Realität, resultierend aus der
radikalen Neudefinition des
Bildes im Kubismus und korrespondierend mit neuen, dem
zentralperspektivisch geordneten Weltbild widersprechenden
Weisen des Erlebens.
Zweierlei ist für die Collage und
ihre Derivate bestimmend: Zum
einen die Einbeziehung von Wirklichkeitsrelikten in das dafür
geöffnete, in seiner Eigenständigkeit autonom gewordene,
nicht mehr dem illusionistischen
Abbilden verpflichtete Bild. Um
zum anderen die Kontrastierung
des Verschiedenen, ursprünglich
nicht aufeinander Bezogenen,
die formale und inhaltliche Konfrontationen und Berührungen
schafft und so eingefahrene Sehgewohnheiten und Selektionsmechanismen durchbricht und
gerade im Bereich des scheinbar
Vertrauten neue, ungeahnte
Dimensionen eröffnet.
Die Erscheinungsweisen der
Collage können sehr verschieden
sein. Norbert Nüssles Umgang
mit Technik und Möglichkeiten
dieses Verfahrens markieren eine
eigenständige und radikale Position:
Die kleinteiligen Fundstücke, aus
denen er seine Bilder zusammensetzt, verlieren in der Totale, im
Kontext des Bildes, durchaus ihre
disparate Eigenständigkeit: Sie
mutieren wie selbstverständlich
zum Material einer primär malerisch orientierten Konzeption. Bei
näherer Betrachtung freilich
gerät ihre Beschaffenheit, ihre
Herkunft ins Blickfeld: Es handelt
sich nicht um irgendwelche
Materialien, aus denen in gleichsam kunsthandwerklicher Kleinarbeit das Bild zusammen-
»gebastelt« worden wäre, sondern um die Resultate einer
gezielten Selektion, eine Art
Spurensicherung, die formal auf
das Bildganze, inhaltlich aber auf
die vorgefundene Situation ausgerichtet ist. Denn die Teilchen,
aus denen das Bild besteht, sind
vor Ort gesammelter Zivilisationsmüll, reale Bestandteile
eben der Situation, die im Bild
reflektiert wird. Eine spezifische
Spannung aus Detail und Totale,
aus Nah- und Fernsicht entsteht
so, die dennoch keinen Bruch ins
Bild bringt, und dies deswegen,
weil immer wieder das Fragment
auch für das Ganze steht, ein
Mikroelement durchaus ein
gegenständliches Detail anderer
Dimension repräsentieren kann.
Diese Spannweite von Nüssles
Bildern, die in der Regel Stadtlandschaften, Porträts von
Straßen und Plätzen sind, wird
noch verstärkt dadurch, daß sich
der Horizont in einer Art Weit-

»le Rallye de Brest«,
1980. Malerei und
Collage auf Karton,
31,5 x 32 cm

winkeleffekt zu einem Segment
der Erdoberfläche rundet und
somit eine gleichsam kosmische
Dimension zur Sprache bringt.
Es gibt in der klassischen Malerei
den Begriff der »Weltlandschaft«.
Nüssles Bilder, ausgespannt
zwischen der Nahsicht konkreter
»Materialproben«, dem sozusagen aus »Normalperspektive«
gesehenen Städteporträt und der
Andeutung kosmischer Weite
sind »Weltlandschaften« neuer,
eigener Art. Der Mensch und
seine Geschichte ist in ihnen
präsent durch die Abfälle, die er
zurückgelassen hat, und denen
Nüssle in seinen Bildern zu neuer
Bedeutung verhilft: In den
Bildern, die manchmal auch
Kopfform annehmen und »Landschaft« somit zugleich als Innenwelt dessen definieren, der sie
sieht und erlebt.

Hans Gercke
Heidelberg, im Januar 1984

Norbert Nüssle: »Brignogan, Route de la
mer«, II. Version d'été, 1983. Malerei und
Collage auf Karton, 104 x 110 cm
Daß die Städte so aussehen, wie sie aussehen, erstaunt mich immer von neuem.

Norbert Nüssle: »D 3 Souvenir«, 1983.
Malerei und Collage auf Karton,
146 x 157 cm
Und daß wir auf einer Kugel leben, hat
mich immer schon verwundert.

Norbert Nüssle: »Mannheim im
Quadrat«, 1983. Malerei und Collage auf
Karton, 68 x 102 cm
Auch kann ich nichts dagegen tun, daß
ich im häßlichen Chaos moderner Stadt-
kultur noch Poesie erkennen kann. Es
muß wohl an Kleinigkeiten liegen.

Werner
Pokorny

geboren 1949
1971—1976 Studium an der
Staatlichen Akademie der bildenden Künste Karlsruhe bei Hans
Baschang, Horst-Egon Kalinowski und Günter Neusel
Mitglied des Deutschen Künstlerbundes
lebt in Karlsruhe

> Lärm und unnötiger Krach
> jeglicher Art ist zu vermeiden.

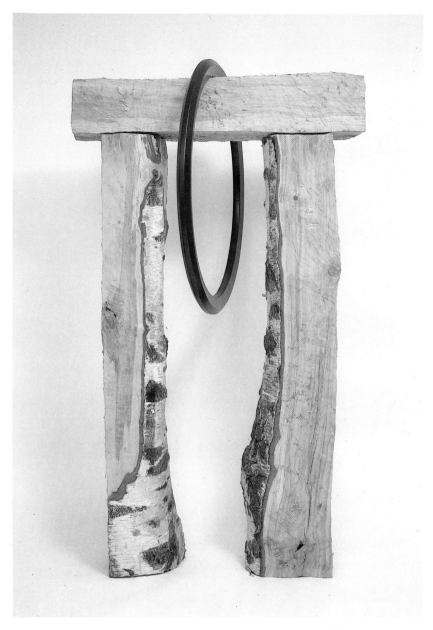

Werner Pokorny: »Tor + Ring«, 1983.
Birke und lackiertes Holz,
210 x 110 x 98 cm

Werner Pokorny: »Pyramide II«, 1982.
Haselnuß, 100 x 100 x 100 cm

Werner Pokorny: »Stehleiter«, 1981.
Esche, 180 x 140 x 140 cm

Hans Rath

am 23. Juni 1952 in Hermeskeil
geboren
1970–1974 Werkkunstschule
Trier
1975–1979 Staatliche Akademie
der bildenden Künste Karlsruhe
1980 DAAD-Stipendium für
Antwerpen
lebt seit 1982 in Freiburg

Einzelausstellungen
1979 Galerie Sandkorn, Karlsruhe

Ausstellungsbeteiligungen
1973/74 Kunstverein Trier
1977 Stiftung Engelhorn,
München
1981 Galerie drei 5, Karlsruhe
1982 Wilhelmstraße 17, Freiburg;
zusammen mit Michael Jäger
1983 Galerie Annette Gmeiner,
Kirchzarten. Wilhelmstraße 17,
Freiburg; zusammen mit Jürgen
Palmtag, Klaus Merkel, Michael
Jäger. Forum junger Kunst,
Württembergischer Kunstverein
Stuttgart

Bibliographie
Katalog Stiftung Engelhorn
Katalog Kunsterwerbungen des
Landes Baden-Württemberg
Katalog Forum junger Kunst 1983

Einen Farbklumpen auf die Leinwand reiben, es entsteht eine
Form, fast plastisch. Ich brauche
viel Farbmaterie. Die Form wird
hin und her geschoben; irgendwann wächst eine Gestalt von
innen heraus, wird wieder
zerstört: Die Suche nach der
Körperform; zehn Köpfe übereinandergemalt, Arme wandern in
verschiedenen Winkeln zum
Rumpf über ein Leinwand, Füße
werden größer und wieder kleiner. Immer wieder Veränderungen: flüchtig, zäh, verbissen,
direkt. Flächen werden zu
Körpern, Flächen entstehen
durch Übermalung. Es ist etwas
zwischen Werden und Vergehen,
zwischen Zerstören und neu Aufbauen.
Immer mehr bekommt die
Gestalt eine Haltung. Ein Arm
berührt einen Oberschenkel, der
Kopf gerade etwas geneigt, der
Rumpf starr. Kein Standbein/
Spielbein.
Ich stehe vor der Leinwand,
stehe einem gegenüber. Wird die
Leinwand zum Spiegel? Stehe
ich da plötzlich vor mir? Fremde
Gestalt wer bist du, woher
kommst du? Die Figur steht nur
da vor mir; sie ist Realität
geworden, existiert, hat eine
innere Spannung und Kraft.

Hans Rath

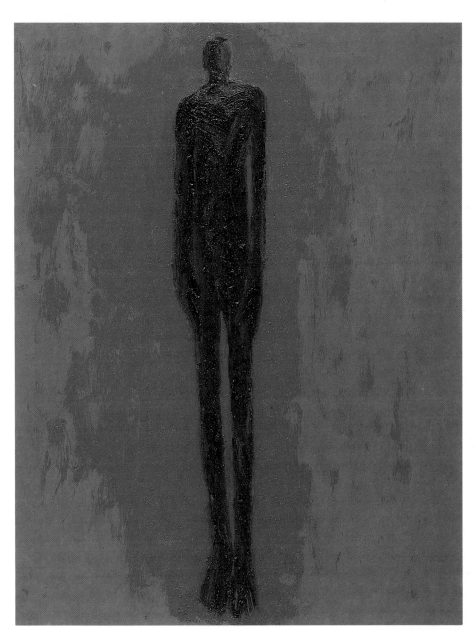

Hans Rath: »Stehender III«, 1983.
Öl auf Leinwand, 140 x 110 cm

Hans Rath: »ohne Titel«, 1983.
Öl auf Leinwand, 200 x 140 cm

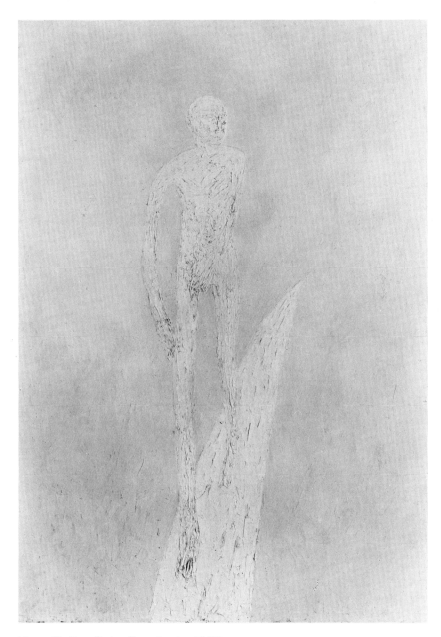

Hans Rath: »Schreitender I«, 1983.
Öl auf Leinwand, 200 x 140 cm

Otfried Rautenbach

am 19. Oktober 1942 in Darmstadt geboren
Nach Stationen in Nieder-Ramstadt, Altwiedermus, Rheinhausen, Mülheim a. d. Ruhr, Brühl/Rheinland, Wien, Westberlin seit 1968 in Heidelberg. Lehre als Schriftsetzer in Köln. Verlagstätigkeit und Studium (freie Graphik und Photographie) an der Werkschule in Köln.
1. Ausstellung (WAB) zusammen mit Kasper Koenig 1965 in Köln, Galerie Zwirner. Dort auch 1975 Photos sowie im selben Jahr im Augenladen, Mannheim. 1983 Ausstellung in den Kunstvereinen von Münster, Heidelberg und Braunschweig, »Zeichnungen 1963–1971«. Verwendung des Pseudonyms »Friedrich Leinbereiter« bis 1967

Bibliographie
»Schriftstücke für Lotte« (Privatdruck, Heidelberg 1971)
»66 Photos« (Privatdruck, Heidelberg 1977)
»VE. 38 Photos« (Privatdruck, Heidelberg 1980)
»Zeichnungen« (Rainer Verlag, Westberlin 1983)
»Zeichnungen für Lotte« (Rainer Verlag, Westberlin 1983)
»Überstürzt von Vorstellungen« (Privatdruck, Heidelberg 1983)

Abbildungen
Farbphoto: Plastisches Material aus »Knochen Scherben«

8 Schwarzweiß-Photos aus: »Dr. Ama & Kaz«, 1984. Mischtechnik, 11 Bogen, 70 x 100 cm

Die elfteilige Arbeit »Dr. Ama & Kaz« geht auf eine Reise im Sommer 1983 nach Lothringen zurück. Die Entdeckung einer »Hitlersdorf« genannten Einrichtung in Sarreguemines im Zusammenhang mit einer Knochenmühle und einigen »Ruderclub« genannten Baracken ließ mich auf die Idee kommen, Menschen wurden umgebracht, um aus ihnen, beziehungsweise ihren Knochen, Fayence herzustellen. Auch die Bahnlinie aus einer Psychiatrie in diese Fayencefabrik hatte ähnliche Gedanken zur Folge. Einem Dichter, dem ich das zuerst unter dem Titel »Knochen Scherben« in meiner Werkstatt präsentierte, photographisches und plastisches Material vorführte, machte Gedichte, die in die hier erstmals gezeigten Arbeiten teilweise einflossen. Formal ergab sich für mich die Aufgabe, aus einer Vorstellung, die ich »real« erlebte, über die Photographie diese Realität so darzustellen, daß es eine Einheit, unter dem Titel »Dr. Ama & Kaz«, literarisch-visuell darstellt, die aus sich selbst heraus existiert — ohne die vorgestellte Idee, Knochen Ermordeter im Geschirr, Grab, aus dem Kaffee trinkbar ist oder Suppe und andere Speisen löffelbar sind.

Erich Reiling

geboren 1953
lebt in Karlsruhe

1983 Badischer Kunstverein
Karlsruhe

Die Arbeiten von Erich Reiling
sind Malerei und Zeichnung in
unmittelbarster Form. Die spontane Geste und ihre in der Farbsubstanz zurückgebliebenen
Spuren sind Zeugen einer Unvermitteltheit, mit der diese Art
Malerei und Zeichnung primär
auf sich verweist und diesen
Zustand der Präsenz so deutlich
wie möglich als den eigentlichen
Sinn ausgibt. Die Leinwand oder
das Papier ist Aktionsfeld. Das
Bild ist ein Produkt aus Aktion
und Reaktion, wobei die initiierende Vorstellung nur äußerst
vage und ihre Konkretisierung
erst Folge des Mal- oder
Zeichenprozesses ist. Es sind
Bilder ohne Distanz, wenn die
Nähe die Draufsicht auf Farbe,
Material, Pinselspuren, Überlagerungen möglich macht. Sie
bekommen Distanz und verschaffen Überblick, wenn die
Figuren sich vom Grund lösen
und möglicherweise Raum sich
öffnet, ohne allerdings die
Akteure im Inneren des Bildes
freizugeben. Nähe und Distanz
erzeugen zwei verschiedene
Bedeutungsebenen, die als Malerei eine Einheit sind, die in der
Interpretation sich mehrdeutig
voneinander trennen. Denn trotz
ihrer Ähnlichkeit mit menschlichen Wesen verweisen die Figuren in Reilings Bildern nicht auf
Menschen außerhalb der Bilder,
sondern sind eigens Geschöpfe
dieser Bilder und unterliegen
dem komplexen Geschiebe der
Farbmaterie.
Als Malerei stehen die Bilder in
einer bestimmten Tradition,
deren ideologischer Hintergrund
in den vierziger und fünfziger
Jahren der Existentialismus war.
Die heutige Basis dieser Malerei
ist mehr der Malakt und die
Gelassenheit den Konventionen
von Form, Komposition, Harmonie gegenüber.
Es gibt bei Reiling keinen Unterschied zwischen Zeichnung und
Malerei, wenn auch beide durchaus unterscheidend wirken. Auf
ähnliche Weise gibt es keinen
Unterschied zwischen Figur und
Raum, Figur und Fläche, Figur
und Farbe, Fläche und Farbe,
Fläche und Raum, Linie und
Grund, Linie und Farbe. Die
Gleichwertigkeit ist Voraussetzung für eine Kunst, die ihre
Existenz in dem Sosein der Bilder
erhält, das immer auch anders
sein könnte. Keine Hierarchie von
Formen, keine Komposition,
keine Stilmerkmale, die in den
verschiedenen Bildern wiederentdeckt werden könnten.
Der Prozeß des Malens ist Inszenieren, Malen, Übermalen,
Wegnehmen, Eindrücken, Aufspachteln, Schaben, Ritzen, Kratzen etc. Bei der Masse der aufgetragenen Farbsubstanz dienen
alle negierenden Gesten dazu,
die Schichten zu durchdringen,
ihre Anhäufung abzutragen, um
ihre Integration zu ermöglichen.
Die Figur breitet sich aus, verharrt in der Fläche, wird manchmal Volumen, füllt das Format
oder wird in die Fläche gedrängt,
läßt Raum entstehen und widersetzt sich ihm durch den dicken
Auftrag der Farbe, sie liegt quer,
stakt durchs Bild und ist doch
nur Bild.

Manfred Schmalriede
Ausstellungskatalog Badischer
Kunstverein, Karlsruhe 1983

Erich Reiling: »ohne Titel«, 1983.
Caparol auf Leinwand, 180 x 220 cm

Erich Reiling: »ohne Titel«, 1983.
Caparol auf Leinwand, 180 x 220 cm

Erich Reiling: »ohne Titel«, 1983.
Caparol auf Leinwand, 180 x 220 cm

Karl Manfred Rennertz

am 25. Januar 1952 in Esch-
weiler/Rheinland geboren
1971 Abitur; Studium der Kunstgeschichte an der Technischen
Hochschule Aachen
1972–1978 Studium an der
Staatlichen Kunstakademie
Düsseldorf
1976 Meisterschüler von Alfonso
Hüppi, Staatsexamen
1977 Bernhard Hoetger-Preis
1979–1980 Atelier in Langer-
wehe, zahlreiche große Figuren
1981 Atelier in Baden-Baden;
Reisen; Preis des Forums junger
Kunst
1982 Kunstpreis der Stadt Nordhorn
1983 Atelier in New York

Gruppen- und
Einzelausstellungen
1977 Kunstverein Freiburg (Holz-
bildhauersymposium), Katalog
1978 Galerie »Der Kunstraum«,
Duisburg. Hammerausstellung I
Basel, Katalog
1979 Kunstmuseum Düsseldorf
(Klasse Hüppi). Kurfürstliches
Gärtnerhäuschen, Bonn. Kunst-
verein Freiburg (Holzbildhauer-
symposium), Katalog. Kunsthalle
Mannheim (Forum junger Kunst).
Galerie Felix Handschin, Basel
1980 Leopold-Hoesch-Museum,
Düren, Katalog. Forum Essen
(Klasse Hüppi)
1981 Kunsthalle Baden-Baden
(Gesellschaft der Freunde junger
Kunst). Forum junger Kunst,
Wolfsburg, Düsseldorf, Kiel,
Katalog. Hammerausstellung II
Basel, Katalog. Hommage à
Baden-Baden, Katalog. Galerie
Rainer Wehr, Stuttgart
1982 Kunstverein Wehr-Öflingen
»Menschenbild«. Kunstverein
Schwetzingen im Jagdsaal des
Schlosses. Kunstverein Stuttgart
»die 5 Preisträger aus dem
Forum junger Kunst«, Katalog.
»Espace Rhenan 82«, Rohan
Schloß Saverne, Katalog. Städ-
tische Galerie Nordhorn, Katalog
1983 Galerie Alfred Schmela,

Düsseldorf. Galerie Suzanne
Fischer, Baden-Baden. Kunst-
verein Wehr-Öflingen. Art fair,
Chicago. Art 83, Basel. Bildhauer-
Symposium Burgdorf, Schweiz.
Skulpturenmuseum Glaskasten
Marl, Katalog. Städtische Samm-
lungen Duisburg-Rheinhausen.
Galerie in der Böttcherstraße,
Bremen. Galerie Rainer Wehr,
Stuttgart
1984 Galerie K. Littmann, Basel.
Wilhelm-Lehmbruck-Museum,
Duisburg

Zu dem Mut, sich so ausschließ-
lich mit einem so traditionellen
und durch diese Tradition scheinbar erschöpften Sujet wie der
menschlichen Gestalt als Skulptur zu beschäftigen, tritt bei Karl
Manfred Rennertz die Demut
dem Material gegenüber.
Holz war schon immer sein Werk-
stoff, und sehr bald war er dazu
übergegangen, seine Skulpturen
aus einem einzigen Baumstamm
herauszuschneiden.
Die Plastik steht eigentlich schon
im Wald, dies kennzeichnet sehr
genau die Beziehung, die der
Künstler zu seinem Ausgangs-
material hat, eine Beziehung, die
von Achtung und Hingabe
geprägt ist. Er läßt dem Holz, den
verschiedenen Hölzern, ihre
Eigenart, ihr Leben, es darf
ächzen, bersten, jubilieren, darf
die Farbe in sich aufsaugen und
verändern. Dem Willensakt der
Gestaltung, des Machens, korre-
liert ein sanftes Gewährenlassen
solcher Materialeigenheiten, ein
ähnlicher Balanceakt, wie er sich
zwischen dem Ruhigstellen flüch-
tigster Eindrücke eines Vorüber-
gehenden in einem so lebendigen Stoff wie Holz vollzieht. Der
Stamm verändert sich ja auch
noch als Skulptur, streckt sich,
zieht sich zusammen, und solche
Dehnungen, Risse sind meist
geduldet, werden nur zuweilen
nachträglich repariert, aber so,
daß die Spuren der Eingriffe
sichtbar bleiben: Man kann
genagelte Figuren entdecken,
Widersprüche werden nicht ver-
tuscht.
Ein vergleichbar wechselvoller
Rhythmus bestimmt auch die
Arbeit selbst. Langen Phasen der
Besinnung, in denen die Erinne-

rungsbilder gefaßt, gesammelt, in
vielen, sehr malerischen Zeichnungen, freigesetzt und durch
die Zeichnung aus dem Fluß der
Dinge herausgehoben werden,
folgt die konzentrierte, schnelle,
fast reflexionslose Ausführung.
Mit der Kettensäge gewinnt er in
raschen, energischen Schritten
die Konturen der Figur. Mit vollem
Risiko wird die Skulptur fast von
Anfang an entschieden. Die
schwere Maschine verlangt blitz-
schnelle Reaktion, läßt keine Kor-
rekturen zu. Die Geschwindigkeit
der Aktion nähert die Skulptur
der Skizze an; mit wenigen Säge-
schnitten verwandelt sich die
schmale zylindrische Gestreckt-
heit der Stämme oft in über-
raschend üppige, voluminöse
Körper.
Rennertz arbeitet immer weiter-
reichende Vertiefungen heraus.
Deutlich wird die Formgebung
eckiger, kantiger, kubischer in
ihren abrupten Richtungskontra-
sten. Die Proportionen werden
unwichtig, oder besser, sind nicht
mehr ans Organische gebunden.
Geometrische Strukturen ver-
festigen sich, können im selben
Moment aber wieder wurstig
werden und schlottern. Manche
Statuen sind ungemein lang und
schlank, und diesen dünnen,
komprimierten, einfachen Formen glaubt man nichts anhaben
zu können — vielleicht glauben
sie es selbst.
Karl Manfred Rennertz' Skulpturen sind zumeist bemalt. Die Farbigkeit nähert die Gestalten nur
scheinbar unserer Menschen-
welt, sie kann sich auch in Kontrast zu der Naturform setzen,
und trotz ihrer Lebendigkeit
unterstützt sie mitunter das
Distanzgefühl oder die Empfindung einer Entrücktheit.
Die Gestalten, die in immer
gedrängter Folge entstehen,
gehören zu den Dingen, die der
Welt Stabilität verleihen, so als
würde in ihrem Währen das welt-
liche Dauerhafte transparent. Sie
halten inne, stellen still, sie sind
da, jetzt um gesehen zu werden
— sie leben, aber sie tun uns
nichts.   Dorethée Bauerle

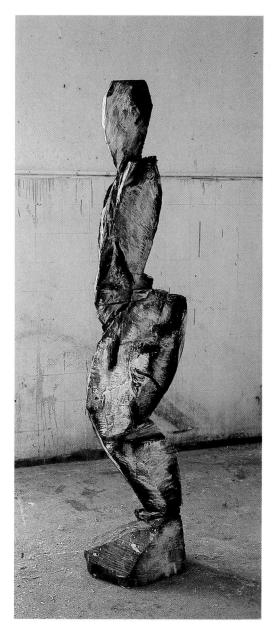

Karl Manfred Rennertz: »Weiße mit den dicken Hüften«, 1983. Ulmenholz, bemalt, Höhe ca. 185 cm

Karl Manfred Rennertz: »Schwarze
Dicke, für Bremen«, 1983. Ulmenholz,
bemalt, ca. 200 x 45 x 40 cm

Karl Manfred Rennertz: »Figur«, 1983.
Eiche, bemalt, ca. 200 x 30 x 35 cm

Robert Schad

1953 in Ravensburg geboren
lebt in Freiburg

1974—1980 Studium an der
Staatlichen Akademie der
bildenden Künste Karlsruhe bei
von Hancke und Loth
1980/81 DAAD-Stipendium für
die Escola Superior das Belas
Artes Porto (Portugal)
1982 Erster Preis der Biennale
Vila Nova de Cerveira (Portugal).
Galerie Drei 5, Karlsruhe
1983 Projektförderung der
Kunststiftung Baden-Württemberg. Preis der Philipps-Universi-
tät, Marburg. Städtisches Kultur-
zentrum Coimbra (Portugal).
Galerie Quadrum Lissabon,
Goethe-Institut Lissabon. Kunstakademie Karlsruhe
1984 Stipendium der Kunststiftung Baden-Württemberg.
Galerie Brigitte March, Stuttgart.
Städtische Galerie Ravensburg.
Galerie Regio Hugstetten.
Galerie Hilbur, Karlsruhe

Gruppenausstellungen
Deutscher Künstlerbund 1980/
83. Junger Westen 1981. Forum
junger Kunst 1983. Triennale für
Kleinplastik Fellbach 1983.
Workshop Madrid 1984. ARCO
'84 Madrid (Galerie March)

Bibliographie
Michael Schwarz, Braunschweig,
Katalogtext Galerie Drei 5, Karls-
ruhe, 1982
Günter Wirth, Kunst im deut-
schen Südwesten, Hatje Verlag
Stuttgart, 1982
Fernando Pernes, Lissabon,
Katalogtext Galerie Quadrum,
Lissabon, 1983
Heinz Fuchs, Mannheim, Katalog-
text Kunstakademie Karlsruhe,
1983

Zusammengeschoben, abge-
stellt, an eine Wand gelehnt, am
Boden gelagert — dünne Stangen
aus Baustahl, teils mit abgetrage-
nem schwarzem Tuch umnäht,
teils an wenigen Punkten zusam-
mengeschweißt. Die 1982 ent-
standenen Installationen aus
sparsamen, den Raum umrißartig
akzentuierenden Einzelelemen-
ten führten nach dem Umzug in
ein neues Atelier zunächst als
Formenvorrat, als plastisches
Skizzenbuch ein Schattendasein
in einer Ecke des großen Raumes. Daß sie ihn nicht losließen,
daß sie Ausgangspunkt waren für
einen neuen Abschnitt in seinem
noch jungen Werk, davon war
Robert Schad selbst überrascht.
In der eher zufälligen Zusammen-
stellung auf engem Raum artiku-
lierten sie sich neu, ließen sich
auseinanderschneiden, aufbie-
gen und wieder zusammenfügen
und wurden zu variablen Bau-
teilen einer Gerüstplastik, die
prinzipiell unendlich ist. Ihre
Offenheit — bei aller Verdichtung
der linearen und flächigen
Binnenstruktur — bezieht sie zum
einen aus der Möglichkeit zur
immer neuen Veränderung und
Erweiterung, zum anderen aus
der Tatsache, daß ihr eigentliches
Volumen der sie umgebende und
in sie eingeschlossene Raum ist.
Schads Arbeit definiert sich insofern aus einem Spannungszu-
stand zwischen extrem reduzier-
ter, auf pure Bewegungsrichtun-
gen zurückgenommener Körperlichkeit und einer Aus-Grenzung
des ihr zustehenden plastischen
Bezirks, der nach allen Seiten hin
überschritten wird. Die hier spür-
bare Aggression, der Eindruck
realer Gefahr mögen unerwartet
schwinden: das Netzwerk der in
den Raum vorstoßenden Stahl-
spitzen kann bei leichter
Berührung mikadoartig in sich
zusammenfallen. So spottet das
tektonische Gerüst jeder Stabilität. Einen Balanceakt oder den
Bewegungslinien eines Florett-
kampfes ähnlich, wagt sich diese
fortschreitende Installation bis an
die Grenze plastischer Existenz.
In dieser Hinsicht bildet sie einen
fast körperlosen Gegenpol zu der
massiven Präsenz der Stahlplat-
ten Richard Serras. Ob und wann
Robert Schad den Bereich der
sinnlich erfahrbaren Skulptur ver-
läßt, sei dahingestellt: Seinem
Ziel der Sichtbarmachung von
Raum, Volumen und gliedernden
Maßverhältnissen als Idee ist er
auf der Spur.   Jochen Ludwig

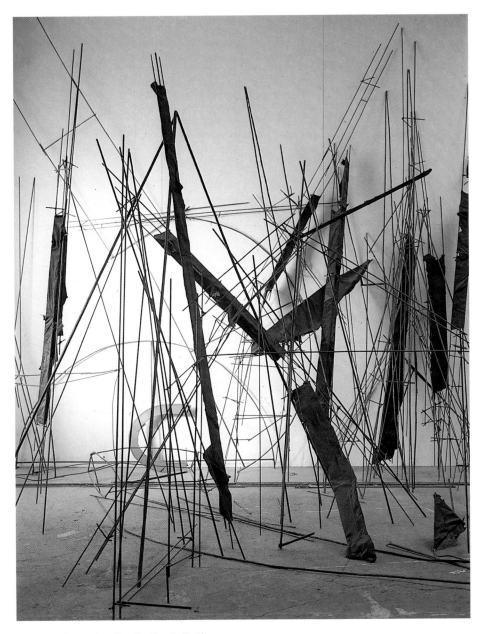

Robert Schad: »Gerüstinstallation«,
1982–1984. Eisen/Tuch,
ca. 380 x 700 x 500 cm

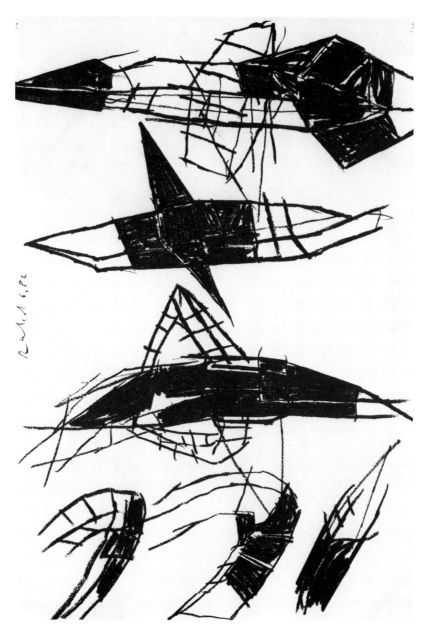

Robert Schad: »Zeichnung«, 1982.
Wachskreide auf Papier, 80 x 110 cm

Robert Schad: »Gerüstinstallation«,
1982–1984. Details

Michael-Peter Schiltsky

1947 in Holzminden geboren
lebt in Leimersheim, Pfalz

1967–1973 Studium an der
Staatlichen Akademie der bilden-
den Künste Karlsruhe bei Hans
Kindermann
1975 Lehrauftrag an der Fach-
hochschule für Gestaltung
Pforzheim
1981/82 Gastprofessur an der
Fachhochschule für Gestaltung
Pforzheim
1984 Gastprofessur an der
Kunstakademie Karlsruhe

Einzelausstellungen
1973 Zürich, Galerie Arena
1974 Hofheim, Taunus, Galerie
66. Olten, Galerie Elisabeth Kauf-
mann. Bremen, Galerie Dodenhof
1975 Kassel, Studio Kausch
1976 Karlsruhe, Galerie Südwest.
Freiburg, Galerie Schneider.
Karlsruhe, Galerie Schneider
1978 Pforzheim, Galerie im
Reuchlinhaus
1980 Marburg, Städtische
Galerie
1981 Gelsenkirchen, Galerie
Glasmaier. Karlsruhe, Galerie
Südwest. Feldkirch, Galerie in der
Remise
1983 Galerie der Stadt Fellbach
1984 Deutsches Werkzeug-
Museum, Remscheidt

Gruppenausstellungen
1973 »Das kleine Format«,
Baden-Baden, Staatliche Kunst-
halle. »Forum junger Kunst«,
Recklinghausen, Städtische
Kunsthalle
1974 »Ist Kunst noch schön«,
Karlsruhe, Badischer Kunstverein
1975 »Forum junger Kunst.
Plastik und Objekte«, Mannheim,
Städtische Kunsthalle
1975/76 »Der ausgesparte
Mensch«, Mannheim, Städtische
Kunsthalle
1976 »Karlsruher Künstler«,
Karlsruhe, Badischer Kunstverein
1977/78 »Forum junger Kunst«,
Museum Bochum, Städtische
Kunsthalle Recklinghausen, Städ-
tische Galerie Wolfsburg
1979 »Karlsruher Künstler«,
Karlsruhe, Badischer Kunstverein
1979/80 »Forum junger Kunst.
Skulpturen«, Mannheim, Städ-
tische Kunsthalle
1980 »1. Triennale Fellbach:
Kleinplastik«
1981 »Forum junger Kunst«,
Städtische Galerie Wolfsburg,
Kunstmuseum Düsseldorf, Kunsthalle zu Kiel. »Kunst – Landschaft«, Worpswede, Barkenhoff-
Stiftung. »Perspektiven: Malerei,
Grafik, Plastik«, Landau, Städtische Galerie Villa Streccius.
»Michael-Peter Schiltsky, Rolf
Zimmermann«, Bad Säckingen,
Kunstverein Hochrhein
1983 »Villa Romana-Preis«,
Witten, Märkisches Museum.
»2. Triennale Fellbach: Kleinplastik«. »Dreidimensional« –
aktuelle Kunst aus der Bundesrepublik, Mannheim

Als Bildhauer lebe ich, vielleicht
geht das Malern, Zeichnern,
Musikern, Literaten ähnlich, in
einer Zeit, vor der, angefangen
von den Idolen der Kykladen, der
Venus von Willendorf, den Plastiken der Benin, den Bauten der
Inka und Maya bis hin zu den
Plastiken von Brancusi und
Giacometti, und nicht zuletzt den
Objekten von Beuys und Bernhard
schon alles gemacht worden ist, was man sich im Bereich
der Bildhauerei mag vorstellen
können. Auch ein Höchstmaß an
Reduktion scheint mir bereits
erreicht. Doch was bleibt einem,
wenn man den Beruf des Bildhauers erlernt hat, anderes übrig,
als dennoch weiter zu arbeiten?
Neues mag einem vielleicht
kaum gelingen, so kann man
doch bestrebt sein, Eigenes zu
verwirklichen.
Meine »Ikonographie« ist das
Werkzeug und sein Bezug zum
Menschen. Jeder Mensch geht
täglich mit Werkzeug um und
sammelt Erfahrungen, die sich
auf Werkzeuge beziehen. Das
gibt mir die Hoffnung auf die
Möglichkeit, meine Gedanken
und Überlegungen durch die
Plastik einem möglichen
Betrachter zu vermitteln. Indem
der Betrachter seine Erlebnisse
mit und seine Gedanken über
Werkzeug in die Auseinandersetzung mit meiner Arbeit einbringt,
ist eine Art Gespräch oder
Gedankenaustausch zwischen
Betrachter und Macher möglich.
Auf neudeutsch: Ein kommunika-
tives Handlungsspiel kann
ablaufen.
Ein Spiel aber, das von beiden
Seiten Arbeit verlangt. Nicht nur
Arbeit von mir als Bildhauer, während ich meine Objekte herstelle.
Übrigens eine der herrlichsten
Tätigkeiten, die mir vorstellbar
sind, auch mit der immerwähren-
den Wanderung zwischen höch-
ster Freude und tiefster Verzweif-
lung, zwischen Gelingen und Miß-
lingen, zwischen schier rausch-
hafter Lust an und während der
Arbeit mit dem Material und der
Qual, nicht arbeiten zu können,
nicht zu wissen, so und wie eine
neue Sache zu beginnen und
wieder die Befreiung durch die
Arbeit. Durch die Arbeit muß
auch der Betrachter sich bemü-
hen, einen Weg zu den Objekten
zu finden, muß sich Zeit lassen,
sie in Ruhe zu betrachten, sich
ihrer Sprache zu öffnen, sie
berühren, anfassen und begreifen, durch Begreifen, Erfassen
und Berührtsein lernen.
Die Dinge, die Kunst genannt
werden, müssen nicht gefallen,
der Betrachter sollte aber
bemüht sein, sich ihnen ver-
ständig zu nähern.

*Warum diese Zeilen
in Dättwiler geschrieb*

könnten wir sie nicht lesen, es sei
denn, wir lernen, sie zu lesen. So
gilt es für den Betrachter zeitgenössischer künstlerischer
Äußerungsformen, lesen zu
lernen. Lesen zu lernen in der
Schrift und Sprache der neuen
Bilder und der neuen Objekte,
ein jeder für sich, wenn möglich,
nicht nur in den Büchern der
berufsmäßigen Kunstdeuter,
sondern ein jeder für sich vor den
Bildern und Objekten im
Gespräch mit sich und ihnen.
Michael-Peter Schiltsky

Michael-Peter Schiltsky: »Harnische«,
1979

Michael-Peter Schiltsky:
»Bodengabel«, 1973

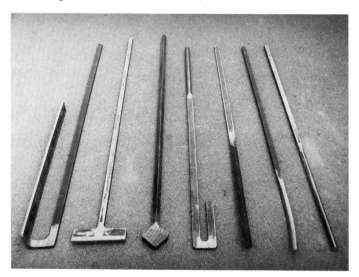

Michael-Peter Schiltsky:
aus der Serie »Stangen«, 1981

Michael-Peter Schiltsky:
»Armstück«, 1983

Michael-Peter Schiltsky:
»Ähnlich einem &«, 1983

Rolf Schneider

1948 in Heidelberg geboren
1971–1976 Studium Fachhoch-
schule Wiesbaden bei Erwin
Schutzbach
1977 Forum junger Kunst,
Museum Bochum, Städtische
Galerie Wolfsburg
1979 Kunstverein Heidelberg
(Einzelausstellung), Katalog.
Forum junger Kunst, Kunsthalle
Mannheim
1981 Forum junger Kunst, Städtische Galerie Wolfsburg, Kunstmuseum Düsseldorf, Kunsthalle
zu Kiel. Kunstforum, Städtische
Galerie im Lenbachhaus,
München (Katalog)
1983/84 Forum junger Kunst,
Kunstverein Stuttgart, Kunsthalle
Mannheim, Staatliche Kunsthalle
Baden-Baden
1984 Stipendium Cité Internatio-
nale des Arts, Paris

Versucht man die Arbeit des in
Heidelberg lebenden Bildhauers
Rolf Schneider knapp zu charak-
terisieren, so läßt sich vielleicht
sagen: Sie ist zwischen Ready-
made, Minimal Art und Environ-
ment angesiedelt.

Readymade:
Schneider verwendet ausschließ-
lich Dinge, die schon da waren.
Gegen den Begriff des Findens
wehrt er sich: Auswählen, Selek-
tieren scheint ihm treffender.
Denn nicht der Aspekt des Ent-
deckens steht im Vordergrund —
obwohl ein Entdecken bei jeder
Art von Kunst mit im Spiel ist —,
sondern der des Aufdeckens, des
Aufzeigens primärer Strukturen.
Doch die werden nicht kon-
struiert oder rekonstruiert,
sondern im Bereich des Vorhan-
denen aufgezeigt.
Für Schneider hat das Abheben
auf Vorhandenes, das Sichtbar-
lassen auch der Vorgeschichte
dieser Dinge, der Spuren von
Funktion, eine politische Bedeutung: Da wird nichts veredelt, verändert, verfremdet oder auf eine
andere wertvollere Realitäts-
ebene gehoben. Vielmehr wird
eine elementare, vom Menschen
ausgehende, für ihn charakteri-
stische und für ihn wesentliche
Realität akzentuiert und artiku-
liert, eine Realität, die längst vorhanden war, die aber nun auf
neue, intensive Weise zur
Sprache kommt. Dieses Zur-
Sprache-Bringen geschieht
durch ein präzise programmier-
tes Loslösen aus dem gegebe-
nen Kontext, durch Konzepte der
Kombination und, neuerdings,
durch die — sparsame, aber
bestimmte — Verwendung von
Farbe. Angefangen hat letzteres
damit, daß Schneider die Faszi-
nation des Lippenstifts ent-
deckte…

Minimal Art:
Primärstrukturen, elementare,
kaum mehr reduzierbare, aske-
tische Präzision — hiervon war
bereits die Rede. Doch nicht min-
der charakteristisch als ihre her-
metische Prägnanz ist, nächstes
und letztes Stichwort, die Offenheit dieser Objekte.

Environment:
Schneiders Skulpturen bestehen
aus Teilen, aus Elementen, die
sich aufeinander beziehen, die
aufeinander bezogen werden.
Doch die Bezugnahme ist immer
auch, und zwar entscheidend,
Bezugnahme auf den umgebenden Raum, auf die spezifische
Realität der jeweiligen Präsentation. Insofern ergeben sich zwar
nicht Variationsmöglichkeiten,
aber mögliche Varianten. Ein sehr
komplexes Spannungsfeld von
Raum und Zeit entsteht so,
umgreifend sowohl die Vorgeschichte als auch potentiell
andere, künftige Präsentations-
weisen der Objekte, die
Schneider nur ungern, nur aus-
nahmsweise fixiert. Ein Spannungsfeld, das mit (scheinbar)
minimalem Aufwand inszeniert,
auch aus der lapidaren Polarität
von Einfachheit und Vielschich-
tigkeit lebt.   Hans Gercke

»Situation Sommer 1983«

Rolf Schneider: »ohne Titel«, 1981.
Holz, Farbe, 160 x 160 cm

Rolf Schneider: »ohne Titel«, 1981.
Holz, Farbe, 113 x 230 cm

Rolf Schneider: »8 Quadrate«, 1979.
Gummi, je Quadrat: 53 x 53 cm

Jutta Schwalbach

am 23. Juli 1953 in Heidelberg
geboren
1973–1979 Staatliche Akademie
der bildenden Künste Karlsruhe
bei Meyer, Loth und Kalinowski
1980–1981 Jahresstipendium
DAAD London
1983 Förderpreis Kunststiftung
Baden-Württemberg

Einzelausstellungen
1982 Galerie Nieschlag-Spicale,
Haus 11, Karlsruhe
1983 Reuchlinhaus, Kunstverein
Pforzheim
1983 Galerie Christa Schübbe,
Düsseldorf-Mettmann

Gruppenausstellungen
1977 Badischer Kunstverein
Karlsruhe
1979 Badischer Kunstverein
Karlsruhe. Künstlerbund Baden-
Württemberg, Stuttgart. Deutscher Künstlerbund, Stuttgart.
Kunstpreis junger Westen,
Recklinghausen
1980 Künstlerbund Baden-Württemberg, Mannheim
1983 Kunstmesse Köln
1984 Forum junger Kunst, Stuttgart, Mannheim, Baden-Baden

Veröffentlichungen
Rainer Braxmeier: das kunstwerk
3 XXXV 82
Yvonne Friedrichs: das kunstwerk
3/4 XXXV 83
art 1982/11
Günther Wirth: Kunst im deutschen Südwesten von 1945 bis
zur Gegenwart, Hatje Verlag
Stuttgart, 1982

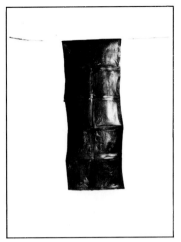

»Japan black«, 1983.
Bambus, Holz, Papier,
Kleister, Tusche,
150 x 135 cm

vollziehen, macht die Grund-
schwierigkeit der Annäherung
aus. Ihre Vieldeutigkeit entzieht
sich der eindimensionalen All-
tagssprache, unterscheidet sie
aber auch wesentlich von den
Arbeiten des »Zeitgeistes«: Sie
vermitteln nicht ein aktuelles
Zeitgefühl, sondern setzen ein
Grundgefühl in zeitgenössische
Bildsprache um.
                        Beatrice Vierneisel

Zunächst ist alles einfach, streng,
oft monumental; Ordnung,
Gesetzmäßigkeit wird assoziiert
durch axiale Mitte-Orientiert-
heit. Ausbrüche entstehen beim
Arbeitsprozeß, der ein langer und
ereignisreicher ist: dünnes Papier
wird gehärtet mit Farb- und Leim-
schichten, bis sich eine schein-
bare Unverbrüchlichkeit herstellt,
oft noch betont durch sich wie-
derholende Binnenstrukturen
(Rippen, Gitter), denen aber der
Objektrand keinen Halt bietet.
Dunkle Farben setzen sich fest in
Falten, Furchen, Adern; verletz-
barer, berührter Haut gleich — so
wie frühere Arbeiten, in denen
Federn und Schlangenhäutungen
verwendet wurden, nur ober-
flächlich an »weich und zart«
erinnern: Beide Materialien zu
gewinnen ist ein blutiges und ver-
letzendes Unternehmen, das
geht ein in die Objekte. Das
»Naturhafte«, das ihren Arbeiten
leicht unterlegt wird, gleicht Gäa,
der mitleidlosen Erdgöttin (und
nicht der leichten Demeter mit
dem Füllhorn). Neben »Chaos«
und »Eros« verkörpert sie eine
der drei Urmythen. Dieses Urprin-
zip in den Arbeiten von Jutta
Schwalbach, dieses Gesetz der
Einheit von Leben und Tod, von
Gebären und Sterben, in
beschreibender Sprache nachzu-

Jutta Schwalbach: »Die Veränderung der
Dauer durch den Blick«, 1982. Papier,
Knochenleim, Farbe, 185 x 120 x 27 cm

Jutta Schwalbach: »ohne Titel«, 1981.
Papier, Kleister, Farbe, 212 x 86 cm

Jutta Schwalbach: »Wo—Man Tat—Tod
Helle—Hölle«, 1982. Papier, Stoff, Kleister,
Knochenleim, Federn, Farbe, 194 x 43 cm

Rainer Selg

1945 in Hockenheim geboren
1965—1970 Staatliche Akademie
der bildenden Künste Karlsruhe
bei Heinrich Klumbies
seit 1971 Kunsterzieher

Ausstellungen
1973 Recklinghausen, Kunsthalle,
»Poesie mit Material«
1976 Baden-Baden, Kunsthalle,
»Holz = Kunst-Stoff«
1977 Neuenkirchen, Galerie
Falazik, »Material aus der Landschaft—Kunst in die Landschaft«
1978 Bochum/Wolfsburg, Kunsthalle, »Forum junger Kunst«.
Darmstadt, »Plastiken auf der
Ziegelhütte«
1979 Mannheim, Kunsthalle,
»Forum junger Kunst«
1982 Bad Nauheim, Skulpturen-
park, »Selection IV«
1983 Mannheim, Kunstverein/
Luisenpark, »Karren für Mannheim«

»Figuren in Grauen«.
Assemblage (6 Teile),
1977. Aus der Ausstel-
lung »Material aus der
Landschaft — Kunst in
die Landschaft«,
Galerie Falazik, Neuen-
kirchen

Vom zweiten Gesicht der Dinge

Seit nunmehr zehn Jahren
beschäftigt sich Rainer Selg mit
Assemblagen. Seine Arbeiten
stehen — was ihre Originalität in
keiner Weise schmälert — in einer
bis in die ersten Jahrzehnte
unseres Jahrhunderts zurück-
reichenden Tradition. Die gestal-
terisch neuen Wege, die sich aus
der Zerlegung vorgefundener
Wirklichkeit und ihrer ästhetischen Neuformulierung ergeben,
wurde von den Kubisten und
Dadaisten auf vielfältige Art aufgezeigt. Wie sich die Identität
von Dingen in eine andere, neue
assoziationserzeugende Wirklichkeit formulieren läßt, dafür
bieten die zumeist aus Holz und
Metall geformten Arbeiten von
Rainer Selg anschauliche Bei-
spiele.
Es ist die Sprache der Dinge —
der banalen, trivialen Fundstücke, rudimentärer Findlinge —
die ihrer ursprünglichen Funktion
längst nicht mehr gerecht werden konnten und entsprechend
unserem Umgang mit dem
»Unbrauchbaren« auf den End-
moränen unserer Zeit, auf den
Müllkippen und Schuttplätzen
gelandet sind. Es entspricht der
inneren Logik einer auf ihren
bloßen Gebrauch ausgerichteten
Handhabung von Materialien, daß
jenseits des Gebrauchswertes
liegende optische wie haptische
Qualitäten nicht wahrgenommen,
die Abnutzungsspuren der Zeit
als funktionsbeeinträchtigend
und wertmindernd angesehen
werden. Die Ästhetik des
Unbrauchbaren beginnt dort, wo
der Künstler in einem beinah
spielerischen, ja witzig ironischen
Umgehen mit einer aufs Tech-
nisch-Funktionale ausgerichteten
Vorstellungswelt neue Wirklich-
keiten aufbaut.
Seine anachronistisch wirkenden
Formulierungen hinterfragen
subtil lächelnd unser Verhältnis
zu den Dingen, lenken den Blick
auf den eigenwertigen ästhetischen Reiz von Materialien unterschiedlicher Herkunft, ihrer
Formen und Farben. Nicht die
Aufschlüsselung der Gegenstände in ihre Grundformen ist
das Anliegen, sondern die »freie
Konstruktion«, aus der sich eine
neue Gegenständlichkeit oder
ihre Andeutung entwickelt, ist
das Ziel. Seine Konstruktionen
sind gleichsam Assoziations-
vorgaben aus dem Bereich einer
phantasiegeladenen Vorstellungswelt sich selbst genügender
Identitäten, die sich allein durch
ihre Form behaupten.

F. W. Kasten

Rainer Selg: »Kopfling«, 1983.
Assemblage, 60 x 100 x 30 cm

Rainer Selg: »Radechse«, 1983.
Assemblage, 90 x 280 x 90 cm

Rainer Selg: »Rochen«, 1983.
Assemblage, 60 x 180 x 50 cm

Peter Stobbe

1951 in Büdingen (Hessen)
geboren
Slavistik- und Anglistikstudium
Promotion über V. Chlebnikov
seit 1979 Experimentelles
Theater und Performance
Texte, Zeichnungen
gibt die »edition amper« heraus,
»London Pilots«, »Meine Maschi-
nen und ich«, »Sätze für Innenräume«, »Anfänge«
im Frühjahr 1984 erscheint bei
Stroemfeld/Roter Stern ein Band
mit Texten und Zeichnungen, die
mit der Performance-Serie
»Sätze für Innenräume« in
Zusammenhang stehen

1983 Landeskunstwoche Baden-
Württemberg, Freiburg, Performance: »Die Auslegung der
Schrift«
1983 Badischer Kunstverein
Karlsruhe, Performance: »Fahr-
habe«
1984 Kaiser-Wilhelm-Museum,
Krefeld, Performance: »Wörter
kommen und gehen«
1984 Galleria dei Tribunali,
Bologna, Performance und
Zeichnungen

Der Text ist als Spur einer
Beschreibung, eines Raumkon-
zepts zu verstehen.
Text und Bild — Sprache und
Raum — werden als nicht voneinander getrennte Funktionen
betrachtet.
Die Konstruktion des Sehens und
die Konstruktion des Denkens als
ungetrenntes Phänomen.

I. Raum
Das Bild als Oberfläche gesehen
und nur als Oberfläche. Dahinter
etwas wie eine Ruhe. Ein Still-
Sein, ein Zustand ohne
Bewegung. Spricht (wie die
Ägypter) von einem Ersatz-Leib
und einem Reserve-Kopf, wobei
das Bild als Oberfläche und nur
als Oberfläche in der Wahr-
nehmung bleibt.

II. Sprache
Etwas wie Anderes
wie das Sehen als Moment
des Nächstfolgenden
Was spricht
spricht über Vorgehaltenem
über Anrainendes
Ist als Innenraum
im Kleinen
neben dem Wort
das Bild mit dem Bild.

III. Bewegung
Die Bewegung folgt ihrem Lauf.
Die Bewegung ist die Fort-
bewegung.
Die Teile sind der Ablauf.
Die Teile haben keine Anhalts-
punkte.
Sie ergeben einen Vorgang ohne
Unterbrechung.

Aus dem Skript für die Performance »Sätze für Innenräume«

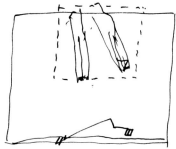

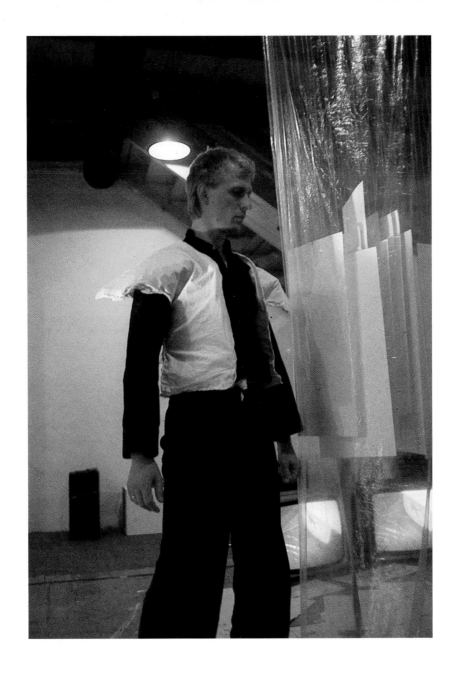

Peter Stobbe: aus der Performance
»Die Auslegung der Schrift«, Landes-
kunstwoche Baden-Württemberg,
Freiburg, 1983. (Foto H.-J. Weise)

Peter Stobbe: aus der Performance
»Die Auslegung der Schrift«, Landes-
kunstwoche Baden-Württemberg,
Freiburg, 1983. (Foto Margit Emmerich)

Arthur Stoll

1947 in Freiburg/Breisgau
geboren
1968 Abitur in Freiburg
1968—1969 kunstgeschichtliches
Studium an der Universität Freiburg
1968—1969 Gaststudium an der
Staatlichen Akademie der
bildenden Künste Karlsruhe,
Außenstelle Freiburg (Peter
Dreher)
1969—1975 Akademie Karlsruhe
(Professoren Antes, Bernhard,
van Dülmen, Herkenrath, Meyer
und Schumacher)
1974 Villa Romana-Preis, Florenz
1977 Gastaufenthalt Villa
Massimo, Rom
1979 Preisträger »dimension '79
— Plastische Arbeiten unserer
Zeit«, Kunstpreis Philip Morris,
München. Preisträger Forum
junger Kunst
1981 »Förderpreis Glocken-
gasse«, Köln
lebt in Freiburg

Einzelausstellungen
1973 14 x 14, Staatliche Kunsthalle Baden-Baden (Katalogtext
Klaus Gallwitz)
1974 Forum Kunst Rottweil
1976 Kunstverein Freiburg (Katalogtexte W. Hülsen, Hans-Jürgen
Müller)
1977 Württembergischer Kunstverein Stuttgart (mit Doro Loeser.
Katalogtexte Tilman Osterwold,
Arthur Stoll). studio f, Ulm
1978 Märkisches Museum,
Witten (Katalogtext Wolfgang
Zemter)
1979 Stadtgalerie Tübingen
(Katalogtext Rudolf Greiner)
1981 Städtische Galerie Altes
Theater, Ravensburg
1982/83 Kunstmuseum Düsseldorf (Katalogtext Friedrich W.
Heckmanns)
seit 1976 regelmäßig Galerie am
Promenadeplatz, Galerie Heinz
Herzer, München

Bibliographie
Gottfried Knapp/Arthur Stoll/
Volker Kinnius, in Katalog Groh-
mann-Stipendium, Kunsthalle
Baden-Baden 1977
Dorothea Baumer, in: Kunstreport
1'80
Hanne Weskott, in: Kunstforum
international, Bd. 44/45

Arthur Stoll hat sich zunächst als
Bildhauer und Zeichner einen
Namen gemacht. Als Maler dagegen kennen ihn nur wenige, und
das, obwohl er seine Laufbahn
malend begann. Von diesem
Frühwerk allerdings hat sich
kaum etwas erhalten. Manches
ging verloren, vieles hat Stoll
selbst zerstört. Zwischen 1974
und 1978/79 entstand kein einziges Bild. Als Maler war Stoll in
eine Sackgasse geraten. Seine
letzten Gemälde vor der langen
Unterbrechung hatten sich so
verdichtet, so zusammen-
gezogen, daß keine weitere Entwicklung möglich schien.
Auf der Suche nach einem neuen
Ansatz wandte er sich der Plastik
zu. Fünf Jahre lang bildeten den
Ausgangspunkt seiner Arbeiten
vor allem Fundstücke, Dinge, die
er im elterlichen Grundstück in
sein Atelier brachte, Holzkeile,
Reben, Draht und Ähnliches. Von
Seidenpapier umhüllt und mit
Knochleim bemalt, wurden sie zu
Fetischen, zu Objekten, die einer
fremden Kultur anzugehören
scheinen. Die vorgefundene
Form, die, anders als die weiße
Leinwand, nicht Aktion, sondern
Reaktion auf schon Vorhandenes
fordert, erleichterte den erupti-
ven Umgang mit dem Material.
Die Interdependenz von innen
und außen, Hülle und Umhülltem
hat Stoll in dieser Zeit vorrangig
beschäftigt. In vielen Arbeiten
finden sich Spiral- und Bogen-
formen, sinnfällige Symbole, die
in philosophischem Sinne als
Lebens- oder Todesspirale
gedeutet werden können, aber
auch ganz einfach als Reminiszenzen an Pflanzliches, Orna-
mentales. Die spontanen, sehr
intuitiven Zeichnungen —
Tuschen, Aquarelle und
Gouachen —, die 1978 einer
erneuten Beschäftigung mit der
Malerei vorausgingen, spielen

ebenfalls mit diesen Motiven.
Das zeichnerische Medium bietet
die Möglichkeit zur Serie. Was
eine Serie Schritt für Schritt, Blatt
für Blatt erhellt, muß sich im Bild
zum Ganzen verdichten. Das
1980 entstandene Gemälde
»O. T.« wirkt wie ein erster vorsichtiger Schritt in diese Richtung. Von links ergießt sich Farbe
ins Bild, blaue Woge, die im
Begriff ist, die zarten, zeichne-
rischen Strukturen zu über-
schwemmen. Noch aber wird ihr
Einhalt geboten, und auch in
späteren Arbeiten bedeckt die
Farbe nur selten die ganze
Fläche. Aus dem farblich dichten,
vielschichtigen Bildkern fließen
dünne Rinnsale, die sich zum
unteren Bildrand hin von der
hellen Leinwand als graphische
Figurationen abheben. Vergli-
chen mit früheren Werken ist Stolls
Duktus gestischer, expressiver
geworden. Zufällig sich Ergeben-
des wird belassen, Farbspritzer
und Fußspuren fungieren als
eigenständige Bildelemente. Der
die Plastiken dominierenden
Spannung zwischen Kern und
Hülle entspricht in den Gemälden
die zwischen Zeichen und
Fläche, Struktur und Volumen,
zwischen offener und geschlos-
sener Form. Stolls Wunsch, beim
Malen eine gewisse Kontrolle
auszuüben, gerät wieder und
wieder mit seiner auf spontaner
Eingebung und Aktion beruhen-
der Arbeitsweise in Konflikt —
Ordnung und Chaos in ständi-
gem Widerstreit.

Katharina Hegewisch

»Ohne Titel«, 1983.
Gips, Bandeisen, Seiden-
papier, Leim

Arthur Stoll: »Ohne Titel«, 1983.
Öl auf Leinwand, 190 x 145 cm

Arthur Stoll: »Ohne Titel«. Seidenpapier,
Knochenleim

Objekte von Arthur Stoll in einer Ausstellung des Freiburger Kunstvereins

Bernhard Stüber

1952 in Karlsruhe geboren
1972–1978 Studium an der
Staatlichen Akademie der
bildenden Künste Karlsruhe bei
Wilhelm Loth, Günter Neusel und
Gerd van Dülmen. Studium der
Kunstgeschichte an der Universität Karlsruhe
1978–1979 erstes und zweites
Staatsexamen
1980–1982 Kunsterzieher an
einem Gymnasium
seit 1982 Assistent am Institut für
Grundlagen der Gestaltung,
Universität Karlsruhe
mehrere Mexiko-Aufenthalte
1982 Heirat in Mexico City

Einzelausstellungen
1979 Galerie Brötzinger Art,
Pforzheim
1980 Heidelberger Kunstverein.
Galerie Helga Paepcke, Karlsruhe
1981 Zehnthaus Jockgrim
1982 Galerie Art Now, Mannheim
1983 Galerie Manfred Rieker,
Heilbronn

Ausstellungsbeteiligungen
1980/81 Große Kunstausstellung
München
1982/83 Große Kunstausstellung
Düsseldorf
1981/82 Jahresausstellung Deutscher Künstlerbund
1983 Preisträger im Kunstwett-
bewerb: Künstlerfahnen für
Europa

Der Kern meiner Objekte entspricht statischen oder konstruk-
tiven Notwendigkeiten, wird
gebildet aus Holz, Metallplatten
oder Rohren, Karton, Schaum-
gummi, Styropor... Wichtiger
jedoch ist die sorgfältig aus-
gewählte und ausgeführte Oberfläche, in mehreren Schichten
aufgeleimt, teilweise sehr unterschiedliche Materialien nebeneinander und miteinander zu
einer wie selbstverständlich

erscheinenden Einheit kombinie-
rend (Foto 1). Die Materialbilder
und Objekte bestehen fast aus-
schließlich aus ungefärbten
Materialien, denn es gibt keine
geeignetere Farbe als die des
Materials selbst, in ihrer meist
dezenten Farbigkeit subtil aufeinander abgestimmt, unter
Berücksichtigung der differenzierten Oberflächenbeschaffen-
heit: scharfkantig zerbrochen
(Eierschalen), kugelrund (Klee-
samen), faltenreich zerknittert
(Magnolienblütenblätter), fein-
und grobkörnig granuliert (Oran-
genschalen) (Foto 2 und 3).
Meine Arbeiten lassen besonders
die Begeisterung für die delikat
arrangierten und gemalten Still-
leben der Niederländer des
17. Jahrhunderts, die Vorliebe für
süßes Naschwerk und köstliche
Speisen, die Bewunderung für
die Natur und die sie hervorbrin-
genden Blüten, Blätter, Früchte
und Samen, die Bevorzugung
einfacher geometrischer Formen
und stereometrischer Körper,
sowie deren symmetrische Ver-
doppelung erkennen. Ich biete
eine knappe, auf das mir Wesentliche reduzierte Aussage, von
allem Überflüssigen befreite
Formen- und Materialsprache,
von persönlichen Entwicklungen
getragen, vielfältigen Variationen
breiten Raum lassend, spiele-
rische Experimentierfreude
beinhaltend.

Eichenblätter zer-
kleinert

Eierschalen

Verwucherte Struktur
aus Pappelblättern und
Weizenkleie, 1983. Aus-
schnitt aus einem
Materialbild, 40 x 60 cm

Bernhard Stüber: Bluthirseflügelpaar, 1982.
Einhundertsechzehnteiliges Objekt,
100 x 100 x 8 cm pro Flügel

Bernhard Stüber: Zwei Teeringe mit
Schwammarkierungen, 1983. Zweiteiliges
Objekt, Höhe 10 cm, Durchmesser 83 cm

Kreuzverschnürte Mohnlaibchen in Eier-
schalenform, 1983. Zweiteiliges Objekt,
6,5 x 29,5 x 7 cm pro Stück

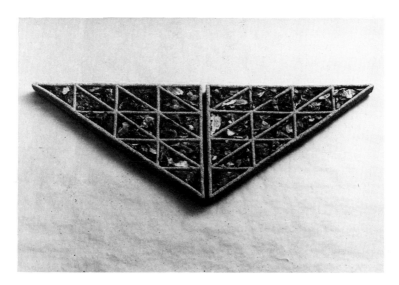

Bernhard Stüber: Weißkleesamenflügel,
1983. Zweiteiliges Objekt, 43 x 64 x 4,5 cm
pro Flügel

Sesamquadrat mit Fächern, 1981.
Zweiteiliges Objekt, 21,8 x 21,8 x 6 cm
pro Stück

Bernd Völkle

1940 in Müllheim/Baden geboren
lebt in Tannenkirch/Baden
1957 Allgemeine Gewerbe-
schule, Basel, Schüler von Christ
und Bodmer
1965 Stipendium des Kulturkreises im Bundesverband der
Deutschen Industrie
1967 Stipendium der Aldegrever
Gesellschaft, Münster
1968 Rom-Preis Villa Massimo
1977/78 Gastlehrauftrag Staatliche Akademie der bildenden
Künste Karlsruhe
1982 Reinhold-Schneider-Preis,
Freiburg

Einzelausstellungen
1962 Basel, Galerie Knöll. Baden-
weiler-Markgrafenbad
1964 Köln, Dom Galerie. Basel,
Galerie Riehentor
1965 Düsseldorf, Galerie Gunar
1966 Wien, Galerie nächst St.
Stephan. Essen, Folkwang-
Museum. Köln, Dom Galerie.
Kasseler Kunstverein
1967 Soest, Morgner Museum.
Basel, Galerie Riehentor
1968 Baden-Baden, Kunsthalle.
»14 x 14« — Junge Deutsche
Künstler; Freiburg, Kunstverein
1969 Köln, Dom Galerie
1970 Basel, Galerie Stampa
1975 Düsseldorf, Galerie Denise
René/Hans Mayer
1976 München, Galerie Jasa
Fine Art
1977 Freiburg, Kunstverein.
Hamburg, Galerie Kammer. Basel,
Galerie Felix Handschin
1978 Köln, Kulturkreis im
Bundesverband der Deutschen
Industrie. Düsseldorf, Galerie
Denise René/Hans Mayer
1979/80 Düsseldorf, Galerie
Denis René/Hans Mayer
1981 Rottweil, Forum Kunst
1982 Düsseldorf, Galerie Denise
René/Hans Mayer

Gruppenausstellungen seit 1961

Bernd Völkle bringt in seinen
Kunst-Werken Gedanken und
Empfindungen zusammen. Die
Gedanken nähren, entzünden
sich an einem »Thema« (zum
Beispiel Mit- und Gegeneinander
von Natur und Technik), die Empfindungen kommen aus Material-
und Farbreizen. Der Künstler
wagt die Gratwanderung
zwischen beiden Polen. An deren
Ende hat er Bilder, die Themen
artikulieren und die der bildenden Kunst eigentümliche
Existenz sprachlosen Daseins
haben…
Bernd Völkles Œuvre gliedert
sich in thematisch definierte
Werkgruppen. Diese sind aus der
jeweiligen Struktur ihrer Dar-
stellungsweisen erheblich unter-
schieden — »einfache« Öl-Lein-
wand-Malerei, gewichtige Blech-
Collagen, Assemblagen aus Holz
und Leinwand, Kohlezeichnun-
gen auf Papier usf. Es gibt —
zumindest für den ersten Blick —
keine konzis-zusammenhän-
gende Handschrift. Was bei
Völkle nach virtuoser Vielseitig-
keit aussieht — und auch ist! —, ist
für ihn Voraussetzung, aus der
elementaren tatsächlichen Struktur des gewählten Themas ein
Maximum gestalteter bildhafter
Erscheinung zu holen. So beein-
flussen die Themen die Gestaltung. Sei es, daß diese flächen-
haft kompakt (Rostbilder), male-
risch-koloristisch (Feldmalerei/
Stausee), zeichenhaft (Graphit-
bilder) ist. Die Bilder überholen
die Vorbilder. Darum kann Völkle
— kühn — sagen: Mein Stil ist die
Stillosigkeit. Die Erfahrung aller
Bilder stecke im jeweils jüngsten
— will sagen: der Künstler Bernd
Völkle kennt von einem vor Jahren erreichten Punkt statt einer
Progression im Sinne von »immer
besser« jene, die sicher mit sich
spielt und die sich aus stets
erneuertem Angehen von Themen im gestalterischen Prozeß
erprobt. Völkle unterwirft die
Welt seiner mal-imperatorisch seiner Methode. Innerhalb seiner
Arbeit sucht und löst er gestalterische Probleme, ohne sich als
werkzeughafter Protokollant des
Themas zu fühlen. Da er einen
bestimmten wie bestimmenden
Blick — den seinen — für die zu
ermalenden Gegenstände hat,

gewinnen diese im Bilde den
Ausdruck einer spezifischen
Stimmung. »Die Schwermut hat
hindurchgeweht, die Sehnsucht
hat's getrieben.« Völkle ist kein
Neo-Romantiker. Die Wiesen des
Hans Thoma, der um 1870 einige
Jahre eine Art Avantgardist war,
sind malerisch verbraucht und
1983 flurbereinigt, chemisch
»unkraut«-frei. Völkle sieht und
weiß das. Er liebt »Natur«. Die,
die er sieht. Er malte Palmen und
Strände, lebte er in jenen Fernen.
So malt er angesichts der ihn
umgebenden Natur. Im Atelier,
aus der Erinnerung und nach
Fotos. Er sieht, was er sieht (die
Natur, besonders die des Mark-
gräflerlandes), kennt, was er
kennt (andere Bilder, was Drum
und Dran zeitgenössischer und
vergangener Bilderwelten), weiß,
was er weiß (soziale und politische Veränderungen, die heute
mehr als die Einführungen von
Pflug und Felderwirtschaft Landschaft verändern). Da ist es kein
Wunder, wenn unter diesen Vor-
aussetzungen ohne spezifische
Mühen in den Bildern eine Welt-
Sicht ist, die das Bewußtsein
jener bis jetzt in der Geschichte
nicht dagewesenen Bedrohung
hat, die uns alle umfängt. Bernd
Völkle will nicht demonstrativ
eine Sache herstellen, die lehr-
haft sagt, Chemie, Flurbereini-
gung oder Atomkraftwerke
griffen zerstörerisch in die
Landschaft ein. Jene Gedanken
und Empfindungen, von denen
eingangs die Rede war, und die
Verbindung von Gesehenem,
Bekanntem und Bewußtem
sorgen dafür, daß diese Bilder Bilder sind, die diese Widersprüche
in sich vereinen, zeigen und
offenhalten. Kunst, die an einem
Teil zeigt, wie das Ganze
beschaffen ist, die sich nicht
zufrieden gibt, da sie nichts har-
monisiert.

Hermann Wiesler
aus: Natur-Sein und Kunst-
Schein. Katalog zur Ausstellung
von Bernd Völkle im Neuen
Berliner Kunstverein, 1983

Bernd Völkle: »Schafe«, 1983.
Öl auf Leinwand, 114 x 249 cm

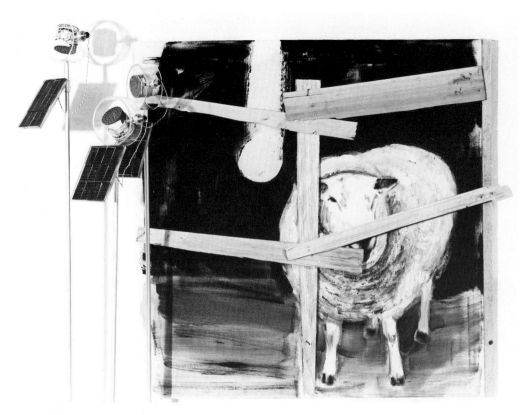

Bernd Völkle: »Schaf mit verrutschtem
Mond hinter Holzverschlag«, 1983. Öl,
Lack und Holz auf Nessel, 100 x 105 cm
3 Lautobjekte mäh, mäh…, 1983, verschiedene Materialien mit Solarzellen,
verschiedene Höhen

Bernd Völkle: »Schwarzes Schaf«, 1984.
Dispersionsfarbe auf Papier, 140 x 100 cm

Herbert Wentscher

1951 in Oldenburg geboren
Studium an den Kunstakademien
Stuttgart und Düsseldorf
1975/76 Stipendium des DAAD
nach London
1976–1978 Max-Beckmann-
Stipendium, New York
1979 Künstlerförderung des
Landes Niedersachsen
1981 Stipendium des Deutsch-
Französischen Jugendwerks
nach Paris
1984 Förderung durch die Kunststiftung Baden-Württemberg

Standbild aus dem
Videoband »Alles
bestens«, 1983. Farbe,
Stereoton, 31 Min.

Literatur
Flash Art, Mailand, Nr. 107, Mai
1982, »Reviews«
Kunstforum Nr. 47/82 »Deutsche
Kunst, hier, heute« (Michael
Schwarz, Wulf Herzogenrath)
Kunstforum Nr. 58/83 »Zwischen
Verführung und Ironie« (Mono-
grafie, Annelie Pohlen)
Kunstforum Nr. 71/84 »Land-
schaft«

Danksagungs-Vermerk

»Den Galerien Hans Strelow,
Düsseldorf, sowie Annette
Gmeiner, Kirchzarten, sei für die
Bereitstellung von Arbeiten
Herbert Wentschers gedankt.«

Modernes Leben

Menschen in der Masse,
sozialversichert, Krankenkasse.

Krise der Identität
wo man geht und steht.

In der Anonymität
der Kontakt verloren geht.

In dieser komplizierten Zeit
brauchen wir mehr Freundlichkeit.

Wie uns die Reize überfluten!
Kaum noch zuzumuten.

Die modernen Massenmedien
können unser Denken schädigen.

Wie kommen wir dazu:
Weg vom Ich und hin zum Du?

Das moderne Leben,
ist es zu erstreben?

Ist überhaupt ein Sinn
in diesem Leben drin?

Fragen über Fragen,
die den modernen Menschen plagen.

Fragen dieser Zeit,
keine Antwort weit und breit?!

(Text aus dem Videoband »Alles bestens«,
1983)

Herbert Wentscher: »050582 ohne Titel«,
1982. Acryl auf Papier, 142 x 174 cm

Herbert Wentscher: »060682 Iglu«, 1982.
Acryl auf Papier, 132 x 163 cm

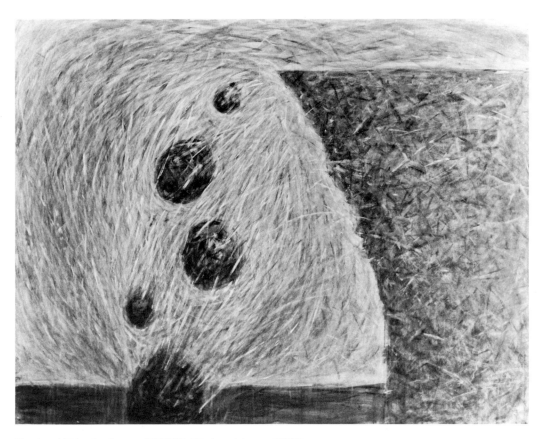

Herbert Wentscher: »101082 Steinschlag«, 1982.
Acryl auf Papier, 152 x 200 cm

Rolf Zimmermann

1948 in Murg geboren
lebt in Karlsruhe

1967–1972 Studium an der
Staatlichen Akademie der bildenden Künste, Freiburg und Karlsruhe (Peter Dreher und Dieter
Krieg)
1973 Lehrauftrag an der Fachhochschule für Gestaltung Pforzheim
1978 Stipendium des Kulturkreises im BDI
1978–1980 Karl Schmidt-Rott-
luff-Stipendium
1979 Lehrstuhlvertretung an der
Staatlichen Akademie der bildenden Künste Karlsruhe
1981 Preisträger »Forum junger
Kunst«
1982 Albert-Haueisen-Preis der
Stadt Germersheim
1983 dreimonatiger Aufenthalt in
New York (Schmidt-Rottluff-
Stipendium)

Einzelausstellungen
1974 Galerie Schneider,
Karlsruhe
1976 Galerie Schneider, Art 7,
Basel
1977 Galerie Space, Wiesbaden
1978 Galerie von Laar, München
1979 Galerie art in progress
(Studio), Düsseldorf
1981 Galerie von Laar, München.
Galerie Fossati, Kilchberg/
Schweiz. Kunstverein Bad
Säckingen. Kunstkreis Tuttlingen
1983 Galerie Kröner, Schloß
Oberrimsingen. Galerie Senatore,
Stuttgart
1984 Galerie von Laar, München

Gruppenausstellungen
1973 Forum junger Kunst,
Museum Bochum
1974 Deutscher Künstlerbund,
Mainz. Künstlerbund Baden-
Württemberg, Stuttgart
1975 Forum junger Kunst, Württembergischer Kunstverein Stuttgart. Deutscher Künstlerbund
Dortmund

1977 Kunstausstellung Wehr-
Öflingen. Kunstpreis »Junger
Westen«, Kunsthalle Reckling-
hausen. Deutscher Künstlerbund,
Frankfurt
1978 »Deutsche Malerei der
Gegenwart« Galerie Kröner,
Schloß Oberrimsingen.
»ars viva«, Kunsthalle Tübingen
1979 Forum junger Kunst,
Stuttgart
1980 Gesellschaft der Freunde
Junger Kunst Baden-Baden
1981 Karl Schmidt-Rottluff-
Stipendiaten, Mathildenhöhe,
Darmstadt, »Aspekte der heuti-
gen Malerei«, Galerie Kröner,
Schloß Oberrimsingen. Forum
junger Kunst, Städtische Kunsthalle Wolfsburg, Kunstmuseum
Düsseldorf und Kunsthalle Kiel.
Deutscher Künstlerbund, Nürnberg
1982 »Das Menschenbildnis in
der modernen Kunst«, Kunstverein Bad Säckingen, Kunstverein Treysa. Preisträger aus
dem Forum junger Kunst, Württembergischer Kunstverein Stuttgart
1983 Künstlerbund Baden-Württemberg, Stuttgart. Deutscher
Künstlerbund Berlin
1983/84 25 junge deutsche
Maler, Ljubljana, Lissabon, Porto

Publikation
Katalog »Preisträger im Forum
junger Kunst«, Siegmar Holsten:
Über die Malerei von Rolf
Zimmermann

Ich suche einen neuen Weg, mich
mit Gegenständlichem auseinan-
derzusetzen. Die menschliche
Figur und alltägliche Dinge bilden
die Malgegenstände. Ich male
Bilder in einer Art, bei der sich
die volle Bildwirklichkeit erst
nach längerer Betrachtung ent-
faltet. Mich interessieren die
dynamischen Prozesse des Bild-
gestaltens und des Bilderfassens
und deren strukturelle Vielfalt.
Bei meinen Bildern sollte man
länger verweilen. Meine Zielvor-
stellung ist es, eine Malerei zu
entwickeln, die über die Sinnlich-
keit zu differenzierterem Erlebnis
und zu Denkformen anregen
kann.   Rolf Zimmermann

Rolf Zimmermann: »Bild Ma. Mr.«, 1983.
Öl auf Leinwand, 150 x 200 cm

Rolf Zimmermann: »Früchte«, 1983.
Öl auf Leinwand, 130 x 150 cm

Rolf Zimmermann: »Bücher, Brille, Lampe«, 1983.
Öl auf Leinwand, 135 x 160 cm